DARC BUCHREIHE

CW-Manual

Autorenteam:

Otto A. Wiesner, DJ5QK
Ralf Herzer, DL7DO
Uli Klinkenberg, DF5DW
Klaus Möllmann, DK1PD
Uli Heuberger, DJ9NX
Dieter Claus, DL7LH
Friedrich Wülfing, DK6QI
Edmund Ramm, DK3UZ
Siegfried Hari, DK9FN
Jens Rosebrock, DK6BO
Michael Hartje, DK5HH

DARC Verlag · Baunatal

ISBN 3-88692-003-8

© 1982 DARC Verlag, Baunatal
Alle Rechte vorbehalten
Gesamtherstellung: Hessen-Druck, 3507 Baunatal 6
Printed in Germany

Vorwort

CW, die in den Anfängen einzig praktikable Betriebsart des Amateurfunks, erlebt nach einer Reihe von Jahren im Schatten anderer Techniken zur Informationsübermittlung einen neuen Aufschwung. Bei QRP- und Meteor-Scatter-Betrieb sowie in von QRM verseuchten Bändern ist CW häufig die einzige Betriebsart, die Verbindungen noch ermöglicht. Wer als Funkamateur darauf verzichten muß, große Antennengebilde mit hohem Wirkungsgrad zu errichten, wird ebenfalls zur Taste greifen. Neue, exclusiv für den Tastfunk reservierte Amateurfunkbänder fördern zusätzlich den Trend zu dieser Betriebsart.

Wer sich bisher in das Gebiet der Amateurfunktelegrafie einarbeiten wollte, war darauf angewiesen, seine Kenntnisse und Fähigkeiten aus vielen, oft veralteten und schwer zugänglichen Quellen zu beziehen. Das CW-Manual schließt diese Lücke weitgehend.

Es liegt in der Natur des behandelten Themas, daß nicht alles, was man über Amateurfunktelegrafie sagen könnte, enthalten sein kann. Neueste Entwicklungen der computergesteuerten CW-Übertragungstechnik wurden nicht beschrieben, weil sie eine vollständig neue Betriebsart darstellen. Es war auch nicht Absicht „letzte Moden" zu beschreiben, sondern ein tragfähiges Gerüst zusammenzufügen, das dem OM an der Station, dem SWL an seinem Empfänger und dem Lehrgangsteilnehmer bei der Vorbereitung auf seine Lizenzprüfung eine seriöse Hilfe ist.

Inhaltsverzeichnis

Vorwort 3

CW in der Geschichte des Amateurfunks 9

Morse-Code: Die Sprache des Tastfunkers 18

Morsen lernen – Hinweise für Schüler und Ausbilder

1. Telegrafie im Amateurfunk 23
2. Telegrafieausbildung – Voraussetzungen 23
3. Telegrafieausbildung – Hören lernen 24
4. Telegrafieausbildung – Geben lernen 25
5. Telegrafieausbildung – Prüfungsvorbereitungen 26

Morsetasten – ein Überblick

1. Einführung 28
2. Mechanische Morsetasten 28
3. Elektronische Morsetasten – historische Entwicklung 30
4. Elektronische Morsetasten – Geber 31
5. Elektronische Morsetasten – Zeichenerzeugung 31
6. Elektronische Morsetasten – Textspeicher 33
7. (K)ein Ausblick 33

Morsezeichen-Tabellen

Vorwort 34
1. Im internationalen Verkehr zugelassene Morsezeichen 34
2. International Morse 35
3. American Morse 36
4. Russian Morse 37
5. Greek Morse 38
6. Turkish Morse 38
7. Japanese Morse 39
8. Arabic Morse 39

Rapportsysteme 40

Bemerkungen zu der „einheitlichen Funkerschrift" 43

Auswahl von Kürzeln für den Gebrauch im Amateurfunk

1. Kürzel – Q-Schlüssel 47
2. Kürzel – Z-Schlüssel 49

3. Abkürzungen aus der deutschen Sprache 50
4. Zahlenkürzel 51
5. Kürzel aus Fremdsprachen 52
6. Auswahl allgemeiner Amateurfunk-Abkürzungen 52

Q-Schlüssel

Vorwort 60
1. Q-Schlüssel/Abkürzungen im Flugfunkdienst 60
2. Q-Schlüssel/Abkürzungen im Seefunkdienst 68
2.2 Buchstabiertafeln 69
2.3 Abkürzungen für den beweglichen Seefunkdienst 70
2.4 Verschiedene Abkürzungen und Zeichen 81

Abkürzungen für den Verkehr mit englischsprachigen, besonders jedoch US-amerikanischen Amateuten 84

Die QSO-Gestaltung 95

Allgemeine Bemerkungen zum Amateurfunk und zur Betriebsart Telegrafie 109

Der Contest

1. Plädoyer für den Contest 114
2. Das Contest QSO 114
3. Die Vorbereitung 116
4. Die Auswertung 116

Amateurfunk-Netzverkehr

Einleitung 118
1. Allgemeines 118
2. Leiten der Funksprüche 119
3. Abwicklung des Funkverkehrs 119
4. Form der Funksprüche 120
5. Aufgabe eines Funkspruches 121
6. Telegrafiefunkverkehr 121
7. Beispiele 122
8. Durchgeben eines Funkspruchs 122
9. Erhöhung der Übermittlungssicherheit 123
10. Frequenzänderungen 123
11. Betriebsgeschwindigkeit 124
12. QN-Gruppen 124
13. Auszüge aus den gesetzlichen Bestimmungen 129

Betriebstechnik bei CW-Meteor-Scatter-QSO's

1. Sende- und Empfangsperioden 131
2. Frequenz. 131
3. Geschwindigkeit 131
4. Anruf 131
5. Rapport 132
6. Verfahren. 132
7. Fehlende Information 133
8. QSO-Dauer 133
9. Allgemeines 133

QRP-Faszination mit Sendern kleiner Leistung

Was heißt QRP? 134
Faszination durch QRP 135
Betriebstechnik 137
Technische Ausrüstung. 138
Wettbewerbe und Diplome 139
QRP-Clubs 140

Amateurradio-Telegrafieclubs

Einleitung 141
1. Telegraphy Operators' Society: Tops 141
2. Radio Telegraphy High Speed Clubs: HSC 142
3. Radio Telegraphy Very High Speed Clubs: VHSC . . . 143
4. First Class C. W. Operators Club: FOC 144
5. Arbeitsgemeinschaft Telegrafie-DLß AGCW 146
6. Scandinavian CW Activity Group: SCAG 147
7. G-QRP-Club: G-QRP-C 148
8. Die DIG-Sektion CW und das DIG-CW-NET 149
9. Die European CW Association: EUCW 150
10. A1 Operators Club: A1-OP. 150
11. Schlußwort. 151

Rufzeichenblöcke 152

Noch'ne Morsetaste? 156

7

CW in der Geschichte des Amateurfunks

Die Telegrafie, hier betrachtet als Tastfunk (CW), war in den Anfangszeiten des Amateurfunks die einzige Betriebsart. Sie ist bis heute die prägende Betriebsart des Amateurfunks geblieben, denn die „Amateursprache", die Abkürzungen und Redewendungen, die auch heute von allen Funkamateuren gebraucht werden, gleich wie sich diese im Tastfunk oder anderen Betriebsarten treffen, sind auf ihre Anfänge zurückzuführen.

Um diese Umstände ausführlich zu erklären, sollte ein eigenes, geschichtliches Werk geschrieben werden. Doch soll jedem Amateur, der an CW interessiert ist, ein Umriß der Entwicklung geboten werden.

Es bleibt nicht aus, auch einige Worte über die ganze Entwicklung der „Funkentelegraphie" zu sagen, wobei man mit einem gewissen Recht durchaus behaupten kann, daß die Begründer „Amateure" waren, die sich vor der kommerziellen Nutzung aus ideellen Gründen mit der Materie beschäftigten.

Der amerikanische Maler Samuel Finley Breeze Morse schuf um 1839 den nach ihm benannten Code und eröffnete mit der Übermittlung des Bibelspruches „What God hath wrought" die Ära der Telegraphie, die sich bis heute in der Abwicklung kommerzieller Funksprüche aber auch zahlloser Funkamateurverbindungen fortsetzt. Naturgemäß waren Jahrzehnte danach vom drahtgebundenen Verkehr bestimmt. Nachdem jedoch Pioniere der drahtlosen Verbindung ihre Arbeiten präsentierten – Heinrich Hertz, Reuleaux, A.S. Popov, Braun, Branly, Righi und Guglielmo Marconi – wurde auch drahtloser Funkverkehr ab 1896/1897 schrittweise verwirklicht. Im Jahre 1901 konnte zum ersten mal der Atlantik drahtlos überbrückt werden. Die Technik dieser Jahre bestand aus Sendern mit Funkenstrecken. Es gab eine Reihe verschiedener Systeme. Die Empfänger waren ausnahmslos Detektorempfänger, also einfache Gleichrichter, die nach dem elektromagnetischen System arbeiteten. Später wurden Halbleiterdemodulatoren in Form von Kristallen verwendet, die bis in die Zeiten der Rundfunktechnik ihren Platz hatten.

Die ausgesendeten Signale können im wesentlichen als „knallharte Schwingungsstöße" bezeichnet werden, welche amplitudenmoduliert waren. Sie konnten durch solche Detektorenempfänger verarbeitet werden.

Um die Zeit des 10-jährigen Jubiläums der drahtlosen Verbindungen, welches weltweite Beachtung und Anerkennung fand, begannen technisch interessierte Amateure mit ihren ersten Versuchen.

In diesen Zeitraum fällt auch die Erfindung der Audionröhre durch Lee de Forest im Jahre 1909. Die Anwendung der Röhre, ihre stetige Verbesserung im Laufe der Jahrzehnte brachte die Voraussetzung der weiten Verbreitung des Funkwesens, des Rundfunks, der Elektronik und des Amateurfunks. Parallel dazu hatten maschinelle HF-Erzeuger, Generatoren ähnlich jenen, die Kraftstrom produzieren, besonders im langwelligen Bereich eine Bedeutung für den kommerziellen Funk, wurden jedoch später von Röhrensendern abgelöst.

Die Amateure, damals eigentlich nur Bastler, erweiterten ihre Tätigkeit besonders in den USA und so entstanden, da die Bewegung größer wurde, ab 1911 zahlreiche Vereinigungen. Im Jahre 1914 wurde auch der Radio-Club of Hartford im Bundesstaat Connecticut gegründet. Sein Gründer und Leiter war ein allseitig technisch interessierter Mann mit gesicherter Existenz (Sohn des Erfinders des Maschinengewehrs, Sir Percy Maxim), der neben anderen technischen Experimenten auch für die Funktechnik reges Interesse hatte, Hiram Percy Maxim, der „Vater" des Amateurfunks. Er gründete auf dem genannten lokalen Club aufbauend im Jahre 1914 die American Radio Relay League, die erste große Amateurfunkvereinigung der Welt und Dachorganisation aller US-Amateur-Funkclubs, und Mitbegründerin der IARU, der Internationalen Amateur Radio Union.

Vor dem Ausbruch des ersten Weltkriegs waren bereits viele inneramerikanischen Verbindungen zustande gekommen. Es gab bereits eine Reihe funktionierender Amateurfunknetze („from the Rockies to the Ohio"). Ausnahmslos wurden alle Verbindungen in Telegrafie, also Tastfunk, bestritten.

Rufzeichen wurden von den Clubs, später von der ARRL vergeben und bestanden aus einer Zahl und zwei bis drei Buchstaben (1 AW, 1 XAM). Das erste Callbook erschien 1914 und nennt bereits 500 Mitglieder der ARRL.

Zum Abwickeln des Funkverkehrs wurden Wellenlängen um 200 m verwendet. Ab 1915 wurde die „QST" herausgegeben. Begründer waren H. P. Maxim und Clarence D. Tuska.

In den Anfängen des drahtgebundenen und später auch im drahtlosen Tastfunkverkehr wurden verschiedene Codes gebraucht, entweder das eigentliche Morsealphabet oder ähnliche Codes. Das bedeutendste wurde ab 1852 in Preußen verwendet. Bedeutend deshalb, weil das jetzige „Morsealphabet" diesem weitaus ähnlicher ist als dem ursprünglichen Morsecode. Zunächst entstand aus dem preußischen Code der in Europa übliche, der aus den Vorbildern des österreichischen und preußischen Telegraphenalphabets gebildet wurde und im Laufe der Zeit von den meisten europäischen Ländern eingeführt wurde. 1912 wurde die Bezeichnung „Internationaler Code" eingeführt; die Amerikaner nannten und nennen ihn, da er aus Europa kommt, the Continental Code. Dieses reformierte, vereinheitlichte Werk kennen, schätzen und gebrauchen wir bis heute als „Morsealphabet". Ebenfalls 1912 wurden die ersten Gruppen des Q-Schlüssels durch den Londoner Vertrag festgeschrieben, um eine internationale Verständigung zu ermöglichen. Die meisten davon sind völlig in den Sprachgebrauch der Funkamateure eingegangen, z. B. QRN, QRM, QRK, QSY und QRV. Auch das Kürzel QSO war in seiner international für den Funkverkehr festgelegten Form dabei. Es hat allerdings im Gebrauch der Funkamateure, wie auch eine Reihe anderer Kürzel, eine gewisse Sinnverschiebung erfahren. Aus noch älteren Zeiten, nämlich dem Zeitalter der drahtgebundenen Telegrafie, stammen Abkürzungen wie 73 und auch das Wort „HAM". Für dieses Wort werden immer neue, teilweise recht schmeichelhafte Deutungen angeboten.

Am wahrscheinlichsten ist eine weniger positive Deutung, nämlich die, daß das Wort recht negativ die „Amateure" im Gegensatz zu den (ihrer Meinung nach) „vollendeten Profis" als HAM bezeichnete! Unser bekanntes CQ wurde auch 1912 einheitlich eingeführt, früher verwendete man andere Kürzel wie QNC, QST, manche Stationen auch KA.

Der Ausbruch des Weltkrieges bzw. der Eintritt der USA an die Seite der Entente in den Krieg gegen die Mittelmächte, brachte ein Erliegen, ja ein Verbot des Amateurfunks. Selbst nach Kriegsende dauerte es einige Zeit, bis Oktober 1919. Dann kam es zu einer Freigabe des Amateurfunkbetriebes. Die Zahl der ARRL-Mitglieder wurde größer.

Der Betrieb blieb auf wenige Versuche in den frühen 20er Jahren auf Telegrafie beschränkt. Auch in den Jahren nach dem ersten Weltkrieg waren die meisten Stationen mit Funksendern ausgestattet („spark"). In die Empfänger kamen allmählich Röhren.

Die Einführung der Rückkopplung in einfache Audionempfänger brachte die Entwicklung weit voran. Das Rückkopplungsaudion erreichte eine Empfindlichkeit, die andere Arten von Empfängern noch sehr lange Zeit nicht erreichten. Auch die Nahselektion war ganz brauchbar. Technisch betrachtet ist ein rückgekoppeltes Audion ein selbstschwingender Direktmischer, ein Empfangskonzept also, das in den Zeiten der Halbleitertechnik für einfache Empfänger eine Wiedererweckung erlebte. Das Audion hatte auch den Vorteil, daß es nicht nur die knatternden Signale der Funksender, sondern auch die getasteten Träger der Röhrensender hörbar machte.

In dieser Zeit wurde der Begriff CW eingeführt, als „continuous wave". Im Gegensatz zu Funksendern „spark" wurden die Signale der Röhrensender als CW bezeichnet. Der Grund liegt darin, daß die ersteren gedämpfte Wellen erzeugten, also Wellen, die in der Amplitude innerhalb eines jeden Schwingungsvorganges abnahmen. Die Röhrensender jedoch erzeugten ungedämpfte Wellen, mit einer über die ganze Zeit des Schwingens konstanten Amplitude. Diese Signale wurden nur durch die Tastung unterbrochen und wiesen dieses Merkmal auf, von eventuellen Ein- oder Ausschwingvorgängen abgesehen.

Nach dem ersten Weltkrieg haben wir auch Kunde von den Anfängen des Amateurfunks in Deutschland. Es wurde, obwohl dies bei uns nicht nur nicht geduldet, wie mancherorts, sondern strengstens verboten war, gebastelt, gebaut und auch gefunkt. Nachdem der deutsche Amateurfunk, wie auch jener in Europa, nach dem Kriege begonnen hatte, waren die technischen Voraussetzungen etwas besser. Man begann gleich mit Röhren.

Natürlich fand der ganze Funkverkehr in CW statt. Nicht nur Sender, Empfänger und deren Teile, auch Tasten wurden selbst gemacht. Die Konstruktionen der Geräte waren so fortschrittlich, daß man es den Bildern der Stationen MARS und UHU gar nicht ansieht, daß sie aus dem Jahr 1924 stammen. So mancher OM hat 25 Jahre später mit einem ähnlichen „Bauwerk" seine Tätigkeit nach dem zweiten Weltkrieg aufgenommen! Es ist nicht möglich, alle Namen zu nennen. Bekannt blieben Slawyk (später DL 1 XF) und Richard Dargatz (später DL 1 XA). Daneben Namen wie Horkheimer, Schmitz (MARS), Klotz (UHU), Döring, Wigand und andere mehr. Die Rufzeichen waren zunächst selbstgewählt, wie man oben lesen kann. Manche verwendeten ähnliche Rufzeichen wie in Amerika. Z. B. KW 3 war OM Gramich, später dann unter dem Rufzeichen K 4 UAH tätig.

International tat sich inzwischen so manches Große. Man hatte seit 1921 Versuche unternommen, mit Mitteln der Funkamateure auf Wellenlängen um 200 m den Atlantik zu überbrücken, was man zunächst als Hörexperimentierreihe startete. Paul Godley, der zusammen mit einigen anderen OM einen vorzüglichen Empfänger zur Verfügung hatte, wurde 1921 nach Europa geschickt, genauer gesagt, nach Großbritannien, und es gelang ihm in mühevollen Nachthörperioden 30 US-Stationen zu hören (dieser OM wurde nach seinem Empfänger „Paragon Paul" genannt). Der nächste transatlantische Test wurde 1922 gemacht und europäische Funkamateure konnten 315 amerikanische Stationen hören. Auch umgekehrt konnten in den USA 1 Franzose und 2 Engländer gehört werden. Der Durchbruch war in greifbare Nähe gerückt! Technisch ergab sich, daß lediglich die Stationen, die mit CW, hier auch noch als Betrieb der Telegrafie mit einem Röhrensender zu verstehen, arbeiteten, auch wirklich zu hören waren. Die Stationen mit Funkensendern brachten schlechtere Ergebnisse. Neben dem Auftreten von Störungen war dies auch ein Grund für ihr allmähliches Aussterben. Man verlegte sich auf etwas kürzere Wellen in den Bereich um 100 bis 130 Meter. Versuche zwischen Boston und Hartford waren sehr ermutigend. Schließlich kam im November 1923 der große Durchbruch. Nach vorheriger Absprache (sked) und einigen Vorversuchen kam es zwischen dem Franzosen Leon Deloy, 8 AB und der Station der ARRL in West Hartford, besetzt durch den OM Schnell, 1 MO und Reinartz, 1 XAM zu einem QSO! Die Morsezeichen, gefunkt von Amateuren, überquerten in beiden Richtungen den „großen Teich". Laut und vernehmlich konnte man 8 AB bestens hören. Man antwortete. Auf beiden Seiten war Lautsprecherempfang möglich. Die Wellenlänge war 110 m, die Geräte auf der Höhe der damaligen Zeit. Die Antennen, besonders bei OM Deloy, waren imposant.

Naturgemäß war der Tastfunkbetrieb eine der Voraussetzungen solcher und anderer Erfolge. Keine andere Betriebsart hätte mit technisch wenig vollkommenen Geräten, ja mit bescheidensten Mitteln, eine Übermittlung von Nachrichten auf weite Entfernung relativ störfrei ermöglicht. Das ist der Grund, warum CW über Jahre, ja Jahrzehnte, die dominierende Betriebsart blieb.

In den 20er und später in den 30er Jahren setzten sich die Erfolge fort. 1925 wurde in Paris die IARU gegründet. Es gab eine Reihe von Konferenzen, die zwar einerseits den Frequenzraum für Amateurfunk einengten, andererseits durch die Konzentration in schmale Bänder ein leichteres „sich finden" ermöglichten, um den Preis steigender Störungen, die natürlich durch die stän-

dig wachsende Gemeinde der „hams" auch in steigendem Maße produziert wurden. Das aber zwang die Technik, zumindest in Europa ohne jeden kommerziellen „push", zu dauernden Verbesserungen und Neuentwicklungen, die alle von **bauenden Funkamateuren** erarbeitet wurden!
Auf der Senderseite benutzte man zunächst nur einfache Oszillatorstufen, die an die Antenne gekoppelt wurden. Besonders beliebt war die „Hartley"-Schaltung, ein sog. „Dreipunktoszillator", oft mit kapazitiver Kopplung an die Antenne! Später wurden Gegentaktoszillatoren verwendet (push-pull, später mit Pentoden auch sog. ECO-push-push). Man trennte dann die Antenne vom Oszillator durch eine oder mehrere Stufen, was auch Vervielfachung der Frequenz sowie bessere Stabilität und Leistungsverstärkung mit sich brachte. Für manche Antennen entwarf man Abstimmgeräte (für Zeppelin-Antennen oder „Fuchskreis" für Langdrahtantennen usw.). Das Bestreben eines jeden telegrafierenden Funkers war ein guter Ton, ein stabiler Sender. Die Empfänger waren bis in die späten 30er Jahre teilweise noch Audion-Empfänger (z. B. der DASD-Standard-Empfänger, ein O-V-1), manchmal mit einer oder mehreren HF-Stufen vor dem Demodulator und mit mindestens einer NF-Stufe, bei Lautsprecherempfang auch mit 2 Stufen. So entstanden auch die Bezeichnungen 1-V-1, 1-V-2. Der bekannte, nach dem zweiten Weltkrieg in Amateurkreisen beliebte Torn Eb, mit 2 HF-Stufen, der Audiostufe und einer NF-Stufe, war ein 2-V-1.

Allmählich kamen dann im Verlauf der 30ger Jahre auch Überlagerungsempfänger (superheterodyne, superhet, super) in Amateurkreisen auf, die jedoch nur in den USA größere Verbreitung fanden, zumindest diejenigen kommerzieller Herkunft. Bis auf Ausnahmen waren in Europa die allermeisten Funkamateure Selbstbauer, sowohl der Sender als auch der Emfpänger.

Doch die Technik der Überlagerungsempfänger brachte erhebliche Vorteile. Sie waren zwar in den ersten Zeiten nicht empfindlicher als die Audionempfänger, jedoch stabiler und nach Einführung von Rückkopplungen in den ZF-Stufen, bzw. nach der Einführung der Quarzfilter, bei denen teilweise auch eine Bandbreitenregelung vorhanden war, konnte erstmalig der Einzeichenempfang ermöglicht werden. Für Tastfunk eine enorme Sache, die schlagartig die Störungen (fast) auf die Hälfte reduzierte. Für Telefonie war das Quarzfilter damals nicht so bedeutend. Trotz einer gewissen Reduzierung der Störungen waren die Filterkurven für AM (SSB war unbekannt) wenig brauchbar. Die damaligen Quarzfilter (das typischste war im HRO-Empfänger von National) hatten sehr schmale und spitze Durchlaßkurven, jedoch mit schlechter Flankensteilheit und unsymmetrischem Verlauf. Dies blieb bis in die späten 40ger Jahre so, bis auf wenige Ausnahmen: z. B. das sog. „Telefunkenfilter" im MWEc und anderen Wehrmachtsempfängern, und das erste mit 2 Quarzen bestückte Brückenfilter („half lattice") im britischen Eddystone 358X.

Vor dem II. Weltkrieg wurden lange Zeit für die Sender Quarze als frequenzbestimmende Elemente verwendet. Ein weiteres Problem war die Tastung. Sie sollte genügend hart sein, um anlaufende, hupende Zeichen zu vermeiden („chirp"). Andererseits sollte das Störspektrum nicht zu breit sein, obwohl man eine harte Tastung wünschte, die Störimpulse („clicks") leicht entstehen ließ. Mit den damals relativ hohen Tastspannungen und Strömen, mit mühevoll stabilisierten, teilweise auch getasteten Oszillatoren war dies ein gewaltiges Problem! Quarzoszillatoren hatten den Vorteil, daß sie gut „ansprangen" und ohne nennenswerte Einbuße an Stabilität und Tonqualität tastbar waren.

Im Bereich der Tasten gab es auch Fortschritte. Man verließ die ziemlich plumpen, wenn auch haltbaren alten Post- und Bahntasten und wandte sich moderneren Formen zu, was nicht nur in den weitaus eleganteren, zierlicheren Formen der Morsetasten für drahtlosen Funkbetrieb, sondern auch in den variierenden Knopfformen Ausdruck fand. Bis heute liebt jeder „seine" Form! Selbstbau war oft aus finanziellen Gründen notwendig, kommerzielle Modelle waren da und dort zu haben. Wabbler, zweiseitige in horizontaler Richtung bewegte Tasten, feierten fröhliche Urständ und hatten eine beschleunigte Gebeweise zur Folge. Leider gelang es nicht jedem OM gut damit zu geben! In den USA wurde der „bug" entwickelt, eine halbautomatische Taste mit schwingendem, gefedertem Punktgeber – Punkte automatisch, Striche von Hand – und der Name „Vibroplex" ist bis heute ein Begriff, zumal der große Schnelltelegrafie-Champion, ein Schiffsfunker von Beruf, Ted McElroy für das Produkt warb. Sie war eine ausgezeichnete Verbesserung für den damaligen Stand und ist heute noch brauchbar, obwohl in den Zeiten präziser elektronisch hergestellter Punkte und Striche der charakteristische „vibrierende" Modus dieser Taste nur zu leicht erkennbar ist. Doch ermöglichte dieser „bug" erstmals recht mühelos QRQ mit einem Tempo weit über demjenigen, das mit Handtasten zu erreichen war.

Freilich erschienen in den 30ger Jahren auch Stationen in Telefonie (AM), doch außerhalb der USA recht dünn gesät. Teilweise deshalb, weil es die Lizenzbedingungen nicht erlaubten, teilweise weil der Aufwand aus finanziellen Gründen nicht tragbar war. Relativ billige Gittermodulationen brachten schlechte Wirkungsgrade, Anodenmodulation war teuer. Der Modulator mußte annähernd die gleiche Leistung aufbringen wie die Senderendstufe an die HF-Leistung produzierte.

Schon in den 20er Jahren, aber erst recht in den Jahren vor dem 2. Weltkrieg, gab es sehr erfolgreiche Funkamateure. Die Diplome WAC, WAZ, DXCC wurden vergeben, große Conteste veranstaltet. Von den Bändern 80 m, 40 und 20 m wandte man sich auch dem 10 m-Band zu, das besonders bei kleinen Leistungen und günstigen Ausbreitungsbedingungen gute DX-Verbindungen erlaubte. Man schuf dafür z. B. das WAC TEN-Diplom. Von Seiten der Europäer wurden diese Erfolge praktisch nur in CW, also mit der Taste errungen.

Bevor die „Lichter ausgingen" und der II. Weltkrieg begann, war die Situation im Überblick etwa so: In den meisten Ländern der Welt gab es Funkamateure mit Lizenzen. Teilweise berechtigten diese jedoch nur zum CW Betrieb. Telefonie (AM) hatte auch die Zeit ihrer großen Erfolge, die jedoch hinter dem, was in Telegrafie erreicht werden konnte, noch weit zurückstanden.

Obwohl es schon eine Reihe Überlagerungsempfänger sowohl kommerzieller als auch selbstgebauter Herkunft gab, war der Geradeaus-(Audion-)Empfänger noch weit verbreitet.

Bei Sendern gab es vielfach schon mehrstufige Geräte, teilweise mit Quarzsteuerung, viele aber auch mit Oszillatoren des ECO (electron coupled oszillator)-Typs, die sich besonders für die höherfrequenteren Bänder 20 und 10 m mit einer Reihe von Frequenzverdopplern realisieren ließen. Für CW-Zwecke wurden Anoden-, Schirmgitter und Kathodentastung angewandt, seltener Steuergittersperrspannungstastung.

Die Antennen waren überwiegend Drahtantennen, entweder endgespeist (L-Antenne, Fuchs-Antenne, Zeppelin-Antenne), aber auch schon Dipole mit offener Speiseleitung, ggf. mit Deltaanpassung. Coaxialkabel gab es nicht. Natürlich waren „wie zu jeder Zeit, manche OM dem „Mittelfeld" voraus. Dies ist und war einmal eine Frage der Fähigkeiten und des Wissens, aber auch eine Frage finanzieller Art.

Der zweite Weltkrieg brachte den Amateurfunk praktisch zum Erliegen, zumindest in Europa; in Übersee erst im Verlauf des Krieges.

Eine Ausnahme waren in Deutschland die „Kriegsfunklizenzen", die eine Art von Amateurfunk ermöglichten, der in CW abgewickelt wurde. Es kam sogar zu Kontakten mit englischen Stationen (!), die allerdings kaum „echte" Amateurstationen gewesen sein dürften.

Als der schreckliche Krieg zu Ende war, fingen auch Funkamateure langsam an, ihre Tätigkeit wieder aufzunehmen. Manches war zerstört, vor allem hatten auch die menschlichen Bindungen gelitten. Auch in der Technik hatte es große Veränderungen gegeben.

Es kam eine wahre Flut von sogenannten „surplus-Geräten" aus den Beständen der Wehrmacht zum Vorschein, mehr aber noch aus den Beständen v. a. der amerikanischen Streitkräfte. Es handelte sich teilweise um recht brauchbare Geräte, die entweder im Urzustand oder durch mehr oder weniger Aufwand beim Umbau für Amateurzwecke hergerichtet wurden. Besonders galt dies für Empfänger, in einem kleineren Umfang auch für Sender. Die Empfänger blieben über viele Jahre die Ausrüstung unserer Stationen. Teilweise durch vorhandene Quarzfilter, „Tonsiebe" usw. waren sie zumindest für CW und die Ansprüche der 50er Jahre hervorragend geeignet.

Die Sender, die so mancher auch für Telefoniezwecke durch den Zubau eines Modulators verbesserte, erwiesen sich für AM-Telefonie als recht brauchbar. Für CW stellte sich bei vielen heraus, daß zumindest die Tastung selten optimal war, so daß manche „clicks" auch beträchtlichen Ärger bei Nachbarn verursachten, zumal ja noch viele Rundfunkhörer überwiegend AM-Rundfunk auf MW und LW empfingen.

Überreichlich flossen auch Impulse aus dem Ausland in Form technischer Zeitschriften und Handbücher. Die DARC-Zeitschriften waren voller neuer Ideen. Selbstbau immer besserer, aufwendigerer Sender und Empfänger wurde beschrieben. Schmale Bandbreiten und hohe Empfindlichkeit empfängerseitig, senderseitig hervorragender Ton, hohe Stabilität und störfreie Tastung und BK-Eignung waren die angestrebten und auch erreichten Ziele. Verschiedene Bausätze erleichterten den Bau von Geräten. Aus den USA und Italien kamen Fertiggeräte aus neuer Produktion. Sie waren auch für den CW-Funker sehr brauchbar.

Im Jahre 1951 wurde ein Markstein für die Tastfunker gesetzt. Es entstand der HSC, der High Speed Club, gegründet in der Bundesrepublik Deutschland. Unvergessen bleibt sein langjähriger Präsident, DL 1 XA, Dick Dargatz.

Natürlich hat die Ausbreitung des SSB-Betriebes in den 60ger Jahren ein gewisses Nachlassen der Tätigkeit im Tastfunk gebracht.

Zur Aufrechterhaltung des Interesses am traditionellen und traditionsreichen Tastfunk wurde im Jahre 1971 die Arbeitsgemeinschaft CW, kurz AGCW-DL gegründet. Die gestellte Aufgabe wird durch Funkwettbewerbe, Diplome und Rundspruchabstrahlungen erfüllt, stets in enger und loyaler Zusammenarbeit mit dem DARC, mit gutem Erfolg.

Andererseits hat das Aufkommen der Halbleitertechnik, z. B. der Entwicklung elektronischer Morsetasten, sehr viel Auftrieb gegeben. Elektronische Morsetasten, die in den Anfängen mit Thyratrons, (also mit Röhren) gebaut wurden, waren in brauchbarer Größe und mit tragbarem Aufwand kaum zu realisieren. Die Halbleitertechnik erst machte es möglich, elektronische Morsetasten zu bauen, die praktisch allen Anforderungen genügten.

In den 70er Jahren gab dann diese Halbleitertechnik neue Impulse für den Selbstbau, vornehmlich auf dem Gebiet der Sender und Empfänger für kleine Leistungen, tragbarel oder transportable Geräte (QRP), die hauptsächlich im CW-Betrieb ihre Verwendung fanden.

Nach der Ausrichtung der Industriegeräte auf fast ausschließlich SSB-Betrieb, begann auch in den späten 70ger Jahren ein Umdenken. Transceiver wurden präsentiert, die sich für Tastfunkbetrieb hervorragend eigneten, mit schmalbandigen Filtern um ZF- und NF-Teil, mit ausgezeichneten Tasteigenschaften und teilweise mit Voll-BK(QSK)-Betriebsmöglichkeit, zumindest aber mit dem sogen. „semi-break-in", also automatischer Sende-Empfangsumschaltung.

Zu Beginn der 80er Jahre stellt sich eine Reihe von Aufgaben im Bereich des Tastfunks. Es ist dies einmal das Erhalten der Fähigkeiten unserer Funkamateure, gut die Tasten handhaben zu können, die „Sprache des Tastfunkers", jenen Schatz von Abkürzungen aller Art so zu beherrschen, daß CW zu einem echten Dialog führen kann. Das Interesse mancher Amateure an überwiegender Technisierung ihrer Stationen dergestalt, daß nur Morsezeichen als Kommunikationsmittel verwendet werden, im übrigen die Station eigentlich eine

Art Fernschreiben und Fernlesen betreibt, wird anerkannt, stellt jedoch eine neuartige Betriebsart dar. Es geht darum, in dieser Zeit alle jene „hand- oder fingerwerklichen" Fähigkeiten zu erhalten und weiter auszubilden, die das bewährte und für den ganzen Amateurfunk wichtige Bild des CW-Operators, des Tastfunkers, des „Messingklopfers" zeichnen.

Wie gesagt – es würde ganze Bücher brauchen, um alle Dinge im Amateurfunk, aber auch in der Entwicklung der Telegrafie, des CW, des „code work" im Laufe der Geschichte aufzuzeigen und verständlich zu machen. Hier wurde nur der Versuch unternommen, davon eine Skizze zu entwerfen als Begleitung für ein neues CW-Grundlagenbuch des DARC-Verlages.

Always Good Brasspounding – Stets gutes Messingklopfen!

DJ 5 QK

OE7OAW, EX OK1WF

Quellen: ARRL-Handbook, Jahrgang 1936. Geschichte des Amateurfunks, DL 1 CU, W. F. Körner. D. Geschichte der drahtlosen Telegraphie, Reinhard Polleit. ARRL-Operating Manual, 3rd Edition, Beiträge von W3WRE Louise R. Moreau

Morse-Code: Die Sprache des Tastfunkers

Die des öfteren anzutreffende Vorstellung, der Morse-Code müsse doch sicherlich etwas mit der Entstehung der drahtlosen Telegraphie zu tun haben, ist sicherlich gänzlich falsch; korrekter wäre diese Vermutung bereits unter Weglassung des Adjektivs drahtlos. Denn bereits ca. 50 Jahre früher, bevor Marconi als Weltpremiere sein Morse-S mehrmals über den Atlantik schickte[1], existierte das, was wir heute Internationales Morsealphabet nennen. Das heißt, die „drahtlose, elektrische Zunft" übernahm im Grunde nur das, was die Schöpfer der diversen Telegraphenapparate zur Nachrichtenübermittlung auf elektrischen Leitern bereits benötigten. In diesem Zusammenhang sei erwähnt, daß die Historie der elektrischen Telegraphie im übrigen ein sehr interessantes, überaus lehrreiches, jedoch auch bemerkenswert umfangreiches Sachgebiet ist, das sicherlich jeden echten Tastfunker – das „echt" wird an anderer Stelle noch definiert werden – zu fesseln vermag. Hier soll dazu nur auf einige Literaturstellen verwiesen sein[2-7], wobei [7] nicht nur wegen der dort vielen abgebildeten historischen Morsetasten besonders hervorzuheben ist.

Nicht übersehen werden darf jedoch die Tatsache, daß die Informationsübermittlung mittels eines endlichen, vereinbarten Zeichenvorrats und entsprechenden Zuordnungsvorschriften – also, wie wir heute sagen, mittels eines Codes – viel älter als der älteste elektrische Telegraphenapparat ist: Optische Relaisstationen waren bereits, geschichtlich belegbar, in der Antike bekannt, wie man in einem äußerst interessanten Aufsatz zu diesem Thema bei Aschoff[8] nachlesen kann. Die Griechen nutzten im letzten vorchristlichen Jahrtausend optische, also drahtlose Möglichkeiten der Informationsübermittlung zu – wie könnte es anders sein! – militärischen Zwecken. Immerhin war das Übermittlungsverfahren mittels Feuerzeichen damals reichlich umständlich und extrem langsam. Erst viel später, im 17. Jh. n. Chr., entstand der erste wirtschaftliche Telegraphiercode für serielle Signale, vorgeschlagen von Daniel Schwendter (1585 – 1636), einem Professor für Mathematik und Orientalistik der Universität Altdorf bei Nürnberg[9]. Das war jedoch immer noch etwa 200 Jahre vor Morse! In diesem Zeitraum entstanden wenigstens noch 6 andere bekannt gewordene Telegraphiercodes, die mit den Namen Bacon (1605), Rees (1809), Swaim (1829), Schilling (1832), Gauss und Weber (1833) sowie Steinheil (1836) verbunden sind. Eine Gegenüberstellung der Codemerkmale dazu findet man in[10].

Womit wir dann endlich bei Professor Samuel Finley Breeze Morse (geb. 1791 in Charlestown/Mass., gest., 1872) wären, dessem Erfindergeist alle Tastfunker letztlich – zumindest im Prinzip – ihre „Sprache" verdanken. Im Prinzip heißt hier: Die Funker unserer und einer ganzen Reihe schon vergangener Tage benutzen eben *nicht* den sogenannten Original Morse-Code (1838), auch nicht den modifizierten sogenannten „Späteren Morse-Code" (1844). Die Elemente dieser Codes enthalten nämlich neben den heute bekannten Punkt, Strich, Pause und der Strukturierungsvorschrift, die besagt, daß jedes Codeelement vom darauf folgenden Element innerhalb eines Codeworts (= Codeelementekombination) durch ein und nur ein Pausenelement getrennt sein muß, noch die Elemente Doppelstrich und Doppelpause. Außerdem bestehen zum Teil andere Zuordnungsvorschriften der Codewörter zum Vorrat der alphanumerischen Zeichen[7][10]). Das sogenannte Amerikanische Morsealphabet, das – wenn auch nur vereinzelt – bis in die neuere Zeit (50er Jahre des 20. Jh.) noch angewendet wurde, enthält diese Elemente des originären Morse-Codes. Dies zu einer Zeit, als man in Europa schon lange das heute ausschließlich praktizierte Internationale Morsealphabet verwendete[11]). Für uns verbindlich ist es in der Vollzugsordnung für den Funkdienst, VOFunk, niedergelegt; (Einzelheiten über diese Vollzugsordnung und andere, das internationale Funkwesen regelnde Vertragswerke, sind dem ausgezeichneten Übersichtsaufsatz von Menzel[12] zu entnehmen). Zu den schon genannten Code-Vorschriften dieses Internationalen Morsealphabets, das übrigens im wesentlichen seit 1852 datiert[7]), gehören auch die uns bekannten Längen- und Abstandsregelungen: Strichlänge = 3x Punktlänge, Punktlänge = Pausenlänge, Codewortabstand = 3x Pausenlänge, Wortabstand (Codegruppenabstand) = 7x Pausenlänge.

Wenn heute vom Morse-Code oder Morsealphabet die Rede ist, so ist damit stets das sogenannte Internationale Morsealphabet gemeint, dessen Entwicklungsstadien im Voranstehenden mehr oder weniger grob beschrieben wurden. Mehr detaillierte Erläuterungen der Zwischenstadien, Angaben über die Code-Einführungen in den einzelnen europäischen Ländern, etc., sind in[7]) nachzulesen. Für die weiteren Ausführungen soll ebenfalls von der verkürzten Bezeichnung Gebrauch gemacht werden.

Ein wesentliches Kennzeichen dieses speziellen Codes ist die verschiedenartige Länge der Codewörter, aus denen der Code besteht sowie die Tatsache, daß er aus mehr als zwei Elementen (nämlich Punkt, Strich, Pause) mit zum Teil unterschiedlicher Länge (Strichlänge = 3x Punktlänge) besteht, was ja keinesfalls für die anderen üblichen Telegraphiecodes – man denke an den Fernschreibverkehr! – zutrifft[4]). Damit wird die Angabe einer Telegraphiergeschwindigkeit[13]), und sei es auch nur eine sogenannte mittlere Telegraphiergeschwindigkeit, problematisch. Das heißt, Zahlenangaben dazu bedürfen der vorherigen Einigung auf einen Standardbezugstext[14]). Praktische Bedeutung gewinnt dieser Aspekt für Geschwindigkeitswettbewerbe im Morse-Tastfunk. Das für Amateurfunkwettbewerbe benutzte Standardbezugswort heißt PARIS.

Wegen dieser typischen Eigenschaft des Morse-Codes, Codewörter unterschiedlicher Länge zu bilden, hat es nicht an Überlegungen gefehlt, den Code im Hinblick auf eine gleichmäßigere Übertragungsrate (also Vermeidung von momentanen Geschwindigkeitsburst-Effekten sowie Vermeidung von Verlangsamungseffekten, je nachdem, ob die Codewörter einen hohen Punkt- oder Strich-Anteil enthalten) zu optimieren, wobei eine geeignete Strukturierung auch Codewörter mit großer Verwechslungsgefahr (B und 6, H und 5, V und 4) beseitigen sollte[15]). Bei diesen Überlegungen wurden psychologische Gegebenheiten des – bis vor kurzer Zeit noch allgemein üblichen – Humanoperators einbezogen. Die gleichmäßigere Gehirnbelastung des decodierenden Humanoperators sollte gemäß diesen Überlegungen letztlich in einer erhöhten mittleren Aufnahmerate resultieren, obwohl die Codewörter hinsichtlich ihrer Länge zum großen Teil stark suboptimal wären! Eine Realisierung dieser Überlegungen ist dem Verfasser jedoch bislang nicht bekannt geworden. Dahingegen hat sich im „superschnellen" Amateurtastfunk weitgehend eine andere Harmonisierung im Sinne einer Egalisierung der Codeelemente durchgesetzt: Abweichend von den Normregelungen wird die Strichlänge = 2x Punktlänge gewählt, was bei sehr hohen Telegraphiergeschwindigkeiten in einer für das Gehirn noch realisierbaren Punktfolgeidentifikation resultiert, da die Punktlänge relativ zur Strichlänge nunmehr vergrößert erscheint.

Nachzutragen ist noch eine Bemerkung zum Begriff der Optimalität eines Codes. Betrachtet man für eine gegebene Sprache – im internationalen Funkverkehr ist dies üblicherweise die englische Sprache – die statistische Auftretenswahrscheinlichkeit der einzelnen Zeichen des Alphabets in hinreichend vielen und hinreichend langen Textvorlagen eines statistisch repräsentativen Textinhalts (also z. B. *nicht* ausschließlich Preislisten der britischen Automobil-Industrie o. ä. Spezialisierungen!), so ergibt sich eine stark schwankende Wahrscheinlichkeitsverteilung. Man wird feststellen, daß der Buchstabe E am häufigsten auftritt, danach z. B. die Buchstaben I, N, usw., daß dagegen Q, Z, usw. erheblich seltener auftreten, desgleichen Zahlen und Satzzeichen. Ein Code nähert sich nun dem Zustand der Optimalität um so mehr, je besser er bezüglich der Länge seiner Codewörter diese statistischen Eigenschaften der betreffenden Sprache berücksichtigt. Der Morse-Code folgt diesen Forderungen der sogenannten Quellensymbolstatistik, wie der Nachrichtentheoretiker sagt – also der besagten Auftretenswahrscheinlichkeitsverteilung über dem Alphabet der betreffenden Sprache – ganz ausgezeichnet. Den am häufigsten auftretenden Buchstaben ordnet er die kürzesten Codewörter zu (z. B. E = . , I = . . usw.), den am seltensten auftretenden Zeichen jedoch die längsten Codewörter B = ? . - - - - . , Ø - - ʔ - , usw. Vergleicht man die mittleren Generierungszeilen eines Zeichens aus dem Morsealphabet mit denen aus dem sogenannten Huffman-Code, der aus der Code-Theorie als bestmöglicher Code im Sinne eines Optimalcodes für die englische Sprache bekannt ist, so zeigt sich, daß der Morse-Code nur um den Faktor 2 schlechter ist, als der genannte theoretisch bestmögliche Code[16]). Dabei ist noch zu berücksichtigen, daß der Huffman-Code für Humanoperatoren überhaupt nicht praktikabel ist: seine Codewörter beginnen zum Teil mit einer Pause u.a.m.! Beim Morse-Code lassen sich noch Verbesserungen für den Humanoperator erzielen, wenn zur Optimierung der Handbewegungen die Taste entsprechend modifiziert wird. Jedoch haben diesbezügliche Untersuchungen bereits vor längerer Zeit ergeben, daß die erreichbaren Verbesserungen gegenüber schon damals bekannten elektronischen Tastsystemen nicht mehr ins Gewicht fallen.

Insbesondere die letzten Erörterungen, betreffend die gleichmäßige Codeübertragungsrate oder die Optimierung der Codewortlänge, betreffend psychologische und physiologische Gegebenheiten des Humandecodierers etc., zeigen deutlich, daß der Mensch in das System der Codegenerierung und Coderezeption einbezogen wurde. Für die rein maschinelle Kommunikation sind viele dieser Überlegungen überflüssig und darüber hinaus: für die rein maschinelle Kommunikation wurde der Morse-Code nie geschaffen, ist anderen Codes bei weitem in vielerlei Hinsicht unterlegen und wird daher im professionellen Maschine-Maschine-Verkehr, z. B. also im Fernschreibverkehr, in der Tat auch nicht verwendet. Dies führt nun unmittelbar und zwingend zur Definition des „echten" Tastfunkers, wie eingangs angekündigt oder allgemeiner formuliert, zur Definition des echten Tastfunks:

> Echter Tastfunk ist dann gegeben, wenn zur Generierung und/oder Rezeption des Codes, ein den Code unmittelbar betreffender mentaler Prozeß der beteiligten Humanoperatoren erforderlich ist.

Der Gehalt dieser Definition wird insbesondere an einem sie – die Definition – negierenden Beispiel deutlich: Betreibt der Operator A ein Keyboard und der Operator B empfängt die über einen Mikroprozessor umgerechneten Daten als Alphazeichen auf einem Datensichtgerät, so ist es prinzipiell nicht erforderlich, daß A und B überhaupt wissen, welcher Code zur Übermittlung der Nachricht benutzt wurde, geschweige denn ist die Kenntnis oder gar aktive Kenntnis des Codes erforderlich. Im Sinne der o. a. Definition wäre es absurd, A und/oder B als Funker zu bezeichnen; sie sind in ihrer Tätigkeit logischerweise als Maschinenbediener mit speziellen manuellen Fähigkeiten einzustufen.

Der Verfasser legt an dieser Stelle unbedingten Wert auf die Feststellung, daß weder die genannte Definition noch die beispielhafte Verdeutlichung eine Wertung von A und B, etwa hinsichtlich ihrer sonstigen persönlichen Fähigkeiten oder gar ihres Tuns im Sinne eines „ethischen" Werturteils, implizieren. Die Definition soll nichts weiter als ein geeignetes Mittel der „Arbeitsplatzbeschreibung" in die Hand geben. Daß damit letztendlich die Themenformulierung „Morse-Code" als die *Sprache* des Tastfunkers ihren besonderen Sinn erhält, möge dem Verfasser als sein ganz persönliches Credo konzediert werden!

Ralf Herzer, DL7DO

Schrifttum/Literaturhinweise

[1] Goebel, G.: Vor 80 Jahren . . ., ZPF (1977) 9, s. 5—9.
[2] Wagner, B.: Karl Friedrich Gauß und die elektrische Telegrafie. Funkschau 49 (1977) 26, S. 1233–1234.

[3] Kauser, C.: Zur Entwicklung der elektrischen Telegrafie von der Mitte des 19. bis zu den 30er Jahren unseres Jahrhunderts. Mitt. des Postmuseums Berlin, Bd. 3/4 (1970), Berlin/DDR, S. 76–85.

[4] Aschoff, V.: Zur Vorgeschichte des Internationalen Telegraphenalphabets Nr. 2. NTZ 28 (19 K134–K138.

[5] Aschoff, V.: Frühe Anfänge der Telegrafie im norddeutschen Küstenraum. Archiv f. deut. Postgesch. (1979) 1, S. 66–78.

[6] Wessel, H. A.: Der Einfluß des Militärs in der staatlichen Telegrafie. Archiv f. deut. Postgesch. (1979) 1, S. 86–98.

[7] Klein, W.: Aus der Entwicklung der elektromagnetischen Telegraphenapparate. Archiv f. deut. Postgesch. (1979) 2, S. 147–165.

[8] Aschoff, V.: Optische Nachrichtenübertragung im klassischen Altertum. NTZ 30 (1977) 1, S. 23–28.

[9] Aschoff, V.: Frühe nachrichtentechnische Vorschläge aus dem 17. Jahrhundert. NTZ 32 (1979) 1, S. 50–56.

[10] Whitmore, F. D.: Origin of the wireless code. 73 Magazine (1966) 5, S. 58–63.

[11] Taschen-Jahrbuch für Funk und hochfrequente Elektronik. Verlagsges. O. Elsner, Darmstadt, 1957. (Das internationale Morsealphabet: S. 211–212).

[12] Menzel, W.: Die internationale Regelung des Funkwesens. Archiv PF (1979) 3, S. 254–288.

[13] Motyka, F.: Das Morsealphabet – ein Binärcode. cq-DL 44 (1973) 6, S. 377–340.

[14] Lizee, G.: Speed standards for international morse code. Ham Radio (1973) 4, S. 68–69.

[15] Ford, G. C.: Let's revise the morse code. Old man 43 (1975) 4, (o. Seitenang.)

[16] Gilbert, E. N.: How good is morse code? Inform. a. Control 14 (1969),

Morsen lernen – Hinweise für Schüler und Ausbilder

1. Telegrafie im Amateurfunk

Die Funkbetriebsart Telegrafie und der Amateurfunk gehören seit jeher eng zusammen. Bis vor etwa zwanzig Jahren waren es vorwiegend technische Gründe, die jeden aktiven Funkamateur gleichzeitig zum aktiven Telegrafisten machten. Trotz des umfangreichen Betriebsartenspektrums bietet die Anwendung der Morsetelegrafie selbst heute noch eine ganze Reihe technischer und betriebstechnischer Vorzüge. Darauf soll allerdings hier nicht eingegangen werden.

Dieser Vorteile kann sich aber nur derjenige Amateur bedienen, der Morsen kann und sich darüber hinaus auf eine flüssige Betriebsabwicklung versteht. Hierunter ist nicht der Gebrauch einer möglichst hohen Telegrafiegeschwindigkeit zu verstehen, sondern die Fähigkeit, sich unter Verwendung der international verständlichen Abkürzungen und Schlüsselgruppen eindeutig und ohne Umschweife auszudrücken. Die Voraussetzung hierzu ist natürlich, Morsezeichen sicher aufnehmen und geben zu können sowie die Regeln der Telegrafiebetriebstechnik zu beherrschen.

Darüber hinaus verlangen gesetzliche Bestimmungen im internationalen Rahmen von jedem Kurzwellenamateur den Nachweis von Kenntnissen in der Morsetelegrafie. Eine Ausbildung im Telegrafieren muß also jeder angehende Funkamateur absolvieren, der auch auf Kurzwelle arbeiten will.

Morsen lernt man entweder in einem Telegrafiekurs, wie er vielerorts, beispielsweise vom DARC, angeboten wird oder im Selbststudium mit Hilfe eines Lehrgangs auf Tonträgern. Ideal ist es, wenn man beides miteinander verbinden kann. Im Literaturanhang finden sich einige Veröffentlichungen, die speziell für die Morseausbildung geschrieben wurden. Jedem Interessenten, insbesondere dem, der sich im Selbststudium mit dem Morsenlernen befaßt und dem Telegrafieausbilder, sei die Lektüre mindestens eines dieser Titel empfohlen.

Nachstehend sollen nun aus der Praxis heraus einige wichtige Punkte angesprochen werden, von denen einigen nach Ansicht des Verfassers oft zu wenig Aufmerksamkeit bei der Ausbildung des Telegrafistennachwuchses geschenkt wird. Das Nachstehende wendet sich damit sowohl an den Morseschüler als auch an den Ausbilder, der einen Morsekurs leitet.

2. Telegrafieausbildung – Voraussetzungen

Eine ganz wesentliche Voraussetzung zur erfolgreichen Morseausbildung, der heute oft viel zu wenig Beachtung geschenkt wird, ist die richtige „Motivation" des Morseschülers. War bis in die sechziger Jahre die aktive Beschäftigung mit der Morsetelegrafie für den SWL und den lizensierten Funkamateur selbstverständlich, so hat gerade der Anfänger, ob lizensiert oder nicht, oft keine rechte Beziehung mehr zur Telegrafie. Die Morsetelegrafie wird leider, häufig aus Unkenntnis, als eine „Sonderbetriebsart" eingestuft, und der verlangte Nachweis von Morsekenntnissen in der Lizenzprüfung wird als Hürde ja sogar als Schikane empfunden.

Wer jedoch einmal die vielen einmaligen Möglichkeiten der Telegrafie erkannt hat, wer Morsen nicht nur von vornherein für die Prüfung lernt, sondern dieser Betriebsart auch einen Platz im Rahmen der späteren Amateurtätigkeit einräumen will, wer also Morsetelegrafie und Amateurfunk nicht auseinanderdividiert, dem wird das Morsenlernen nicht übermäßig schwer fallen.

Zweifellos erfordert die Telegrafieausbildung (übrigens: nicht nur diese) Energie, persönlichen Einsatz, Geduld und viel, viel Übung. Doch wenn auch Faktoren wie Begabung und Lebensalter bei der Morseausbildung (und wieder: nicht nur hierbei) eine Rolle spielen, so steht doch außer Zweifel, daß jeder wirklich Interessierte bei regelmäßiger (!), täglicher (!) Übung das Morsen lernen kann.

3. Telegrafieausbildung – Hören lernen

Schon bei den ersten Hörübungen sollte der Schüler (und der Ausbilder) unbedingt auf eine lesbare, saubere und eindeutige Niederschrift achten. Wird hierbei gesündigt, so wirkt sich das im weiteren Verlauf der Ausbildung äußerst hemmend aus. Also: lieber zu Beginn täglich ein paar Minuten in Schreibübungen investieren, als später bei höherem Tempo die eigene Schrift nicht mehr lesen zu können.

Es ist heute wohl allgemein anerkannt, daß die Zeichen vom Beginn der Ausbildung an in einer Eigengeschwindigkeit gehört werden sollten, die um einiges über der Textgeschwindigkeit liegt (also: kurze Zeichen, längere Pausen).

Bei der Vorstellung des Morsealphabetes sollten unbedingt alle zu lernenden Zeichen, also 26 Buchstaben, 10 Ziffern und die Sonderzeichen = , . ? / gleichberechtigt vorgestellt und geübt werden. Weitere Zeichen werden in der Amateurfunkprüfung nicht verlangt und auch im praktischen Betrieb kaum angewendet. Es sollten also tunlichst nicht die Ziffern und Sonderzeichen nach den Buchstaben separat erlernt werden, sondern von vornherein mit diesen bunt gemischt. Auch beginnt man heute in der Regel nicht mehr mit den „einfachen" Buchstaben e i s h, sondern wählt rhythmisch sehr unterschiedliche Morsezeichen aus, die weniger zu Verwechslungen Anlaß bieten. Nachdem die ersten Zeichen beherrscht werden, sollte man weiter alle vorkommenden Textarten ebenso gleichberechtigt üben; dazu gehören 5er-Gruppen, Klartext und Amateurfunktext. Viele Schüler haben zunächst mit der einen oder anderen Textart gewisse Schwierigkeiten. Diese können aber nicht überwunden werden, indem das Üben gerade dieser Texte auf später verschoben wird. Wenn alle Zeichen vorgestellt worden sind, kann hierbei nun die Textgeschwindigkeit langsam erhöht werden.

Spätestens in diesem Teil der Ausbildung wird die stetige Leistungssteigerung beim Morseschüler erstmals durch Phasen unterbrochen, in denen eine weitere Erhöhung der Aufnahmegeschwindigkeit zunächst nicht möglich ist. Das schon Erlernte muß sich auf dem erreichten Niveau zunächst einmal festigen. Willkommene Abwechslung im Unterrichtsverlauf bieten kurze qrq-Übungen, bei denen das sicher aufnehmbare Tempo kurzzeitig erheblich überschritten wird. Viel Spaß machen weiterhin beim Unterricht in einer Gruppe Gehörlese-Übungen. Dabei werden kurze Worte, Rufzeichenprefixe, Amateurabkürzungen oder q-Gruppen ohne Niederschrift „im Kopf" mitgelesen und sofort benannt. Im Zusamenhang hiermit sollten vom Ausbilder immer wieder Fragen der Betriebstechnik angesprochen und erläutert werden.

Die Dauer der einzelnen Hörübungen sollte bei Anfängern aus Gründen der begrenzten Konzentrationsfähigkeit zunächst nicht mehr als fünf Minuten betragen, sie wird jedoch im Lauf der Ausbildung mit steigender Geschwindigkeit verlängert. Während der kurzen Pause zwischen den Übungen wird der aufgenommene Text mit der Vorlage verglichen und die Anzahl der Fehler ermittelt. Daran schließt sich dann umgehend die nächste Übung an.

Im Rahmen eines Morselehrgangs können beim Hören auch durchaus moderne elektronische Hilfsmittel wie z. B. ein Textgenerator oder ein entsprechend programmierter Kleincomputer eingesetzt werden. Die Benutzung der heute verfügbaren Geräte empfiehlt sich jedoch nur für fortgeschrittene Schüler. Es war bis vor einigen Jahren selbstverständlich und ist auch heute noch zu empfehlen, daß zusätzlich zu den obligatorischen täglichen Übungen mit Tonband oder Schallplatte, möglichst oft in die Telegrafiebereiche der Amateurfunkbänder hineingehört wird. Selbst wenn zunächst längst nicht alles aufgenommen werden kann, vermittelt das Zuhören im Laufe der Zeit unter anderem sehr wichtige betriebstechnische Kenntnisse.

4. Telegrafieausbildung – Geben lernen

Es ist bekannt, daß den meisten Morseschülern das Erlernen des Gebens leichter fällt, als das des Hörens. So muß in der Regel für das Gebenlernen nur ein kleinerer Teil der Übungszeit investiert werden als für das Hören. Anscheinend verführt jedoch die Kenntnis dieser Tatsache heute viele Morseschüler dazu, dem Geben zu wenig Beachtung zu schenken. Man glaubt anscheinend, das Geben könne kurz vor der Prüfung nebenbei erlernt werden. Dieser Glaube ist falsch.

Hier soll nochmals darauf hingewiesen werden, daß die Benutzung von halb- oder vollautomatischen Morsetasten bei der Telegrafieprüfung seit Neuestem nicht mehr zulässig ist und (nicht nur deshalb) für den Anfänger nicht in Betracht kommt. Die Gebe- und Hörausbildung sollten parallel zueinander durchgeführt werden. Hierbei ist es besonders wichtig, daß der Schüler vor dem eigentlichen Geben der Morsezeichen ein Gefühl für die Handhabung der Morsetaste bekommt. Übungen an der Taste, die die Armmuskulatur langsam auf die Dauerbelastung des Gebens vorbereiten, beugen einer späteren Verkrampfung vor. So sollte zunächst das Tasten von einfachen Rhythmen, ohne Bezug zur eventuellen Bedeutung im Morsecode, geübt werden.

Nur wenn ein vorgegebener Rhythmus über einige Zeit hinweg vom Schüler sicher wiedergegeben werden kann, wird mit dem Geben von Morsezeichen nach Vorlage begonnen. In jedem Fall ist auf eine korrekte Hand- und Armhaltung zu achten, sowohl bei den ersten Übungen als auch beim späteren Geben mit der Morsetaste.

Die ersten Morsezeichen sollten erst dann gegeben werden, wenn im Hören schon alle Zeichen beherrscht werden. Auch beim Geben sollte man dann langsam die Anzahl der im Übungstext vorkommenden, verschiedenen Zeichen steigern. Nachdem alle Zeichen sauber gegeben werden können, werden auch hier alle Textarten (5er Gruppen, Klartext, Amateurfunktext) mit steigendem Schwierigkeitsgrad geübt.

Hierbei sollte von Seiten des Morselehrers kritisch die Qualität der Zeichen, gemessen nach den bekannten Maßstäben der Normschrift, beurteilt werden. Nur wer sich von Anfang an eine saubere Gebeweise angewöhnt, wird später die Geschwindigkeit ohne Einbußen bei der Lesbarkeit steigern können. Sauberkeit geht in jedem Fall vor Tempo!

Die Dauer der Gebeübungen sollte zeitlich so bemessen sein, daß eine Ermüdung der Muskulatur keinesfalls die Qualität der Handschrift und die Sicherheit der Abgabe vermindern kann. Vorbeugend wirken Lockerungsübungen der Hand und des Unterarms in den Pausen.

Der Einsatz von Streifenschreibern oder Morsedekodern mag in einer Gruppe von fortgeschrittenen Schülern zur Demonstration recht nützlich sein. Man sollte die Wirksamkeit dieser Geräte als Lernhilfen aber nicht überbewerten. Wichtiger ist schon die Selbstkontrolle mit Hilfe eines Tonbandgerätes, auf das der Schüler einen Text aufspielt, den er einige Tage später selbst wieder abhört und niederschreibt.

5. Telegrafieausbildung — Prüfungsvorbereitungen

Über kurz oder lang stellt sich nun die Frage, wann ein Morseschüler zur Telegrafieprüfung antreten soll. Zunächst einmal keinesfalls bevor er in der Lage ist, die Prüfungsbedingungen zu Hause oder in der Lehrgangsgruppe jederzeit zu erfüllen. Um diese Leistung wirklich sicher zu erbringen, muß er sich zunächst eine über das Prüfungsniveau hinausgehende Leistungsreserve erarbeitet haben. Wer, nachdem er im stillen Kämmerlein einmal das verlangte Tempo so eben mitgeschrieben hat, zur Prüfung geht, wird mit Sicherheit keinen Erfolg haben. Zweifellos ist die nervliche Anspannung in der Prüfungssituation nicht gering. Das einzig wirklich sichere Mittel hiergegen ist, die notwendige innere Gelassenheit aus der Gewißheit zu ziehen, daß man wesentlich höhere Geschwindigkeiten fehlerfrei mitschreiben und abgeben kann.

Zur Vorbereitung auf die Telegrafieprüfung empfiehlt sich die häufige Durchführung von „simulierten Prüfungen", also besonderen Übungen, die in ihrem Ablauf weitgehend einer Prüfung vor der OPD entsprechen. Beim Gruppenunterricht sollte jeder Schüler möglichst oft kurze Texte vor der gesamten Gruppe geben, die hierbei mitschreibt. Diese Übung nimmt ihm im Laufe der Zeit die Beklemmung, die einen Anfänger überfällt, der sich vor anderen mit der Morsetaste „produzieren" muß.

Die oft gestellte Frage, in welchem Zeitraum „man" denn nun Morsen lernen könne, läßt sich nicht generell beantworten. Zu unterschiedlich sind hier die persönlichen Voraussetzungen. Es soll jedoch nochmals betont werden, daß derjenige, der das Morsen nicht nur widerwillig für die Prüfung lernt, sondern schon im Hinblick auf die spätere Amateurfunktätigkeit in Telegrafie mit Interesse an diese Form der Kommunikation herantritt, einen schnelleren Zugang zur Welt der tönenden Zeichen findet.

Für diesen wird allerdings die bestandene Prüfung nur eine weitere Stufe zur Vervollkommnung seiner Telegrafiekenntnisse sein. Denn die Lizenzurkunde bescheinigt im Bezug auf die Telegrafie nur, nunmehr in der Praxis weiter lernen zu dürfen.

Autor: Uli Klinkenberg DF5DW

Morsetasten — ein Überblick

1. Einführung

Die Morsetaste ist das Bindeglied zwischen Telegrafist und Sendeeinrichtung. Ihr wird gerade in Kreisen aktiv telegrafierender Funkamateure schon immer eine besondere Bedeutung beigemessen. Auch heute noch hat sie auf dem Stationstisch eines jeden Telegrafisten einen Stammplatz. Hieran wird sich selbst im Zeitalter der immer schneller um sich greifenden Computerisierung nichts ändern, denn nur die Benutzung einer Morsetaste erlaubt dem Funker, alle Vorteile der Betriebsart Telegrafie voll auszuschöpfen. Sei es, daß die persönliche Leistung im qrq-Verkehr unter Beweis gestellt werden soll, echter bk-Betrieb durchgeführt wird oder mit geringstem Aufwand und kleiner Sendeleistung Verbindungen hergestellt werden müssen: Immer spielt die Morstaste hierbei eine bedeutende Rolle.

Von der Handtaste bis zur modernen Speichermorsetaste spannt sich, wie wir sehen werden, ein weiter Bogen, und gerade auf diesem Gebiet waren es immer wieder Funkamateure, die Altes verbesserten und Neues erprobten. So gehen fast alle Entwicklungen von elektronischen Morsetasten in den vergangenen Jahrzehnten auf die Arbeit von Amateuren zurück.

Es soll hier nun ein kurzer Überblick über das im Detail recht umfangreiche Sachgebiet der Morsetasten gegeben werden, wobei der elektronischen Morsetaste, wie sie heute sehr weit verbreitet ist, ein etwas breiterer Raum eingeräumt wird. Nicht eingegangen wird auf Morsetastaturen und die Benutzung von Computern zum Erzeugen von Morsezeichen.

2. Mechanische Morsetasten

Unter mechanischen Morsetasten wollen wir hier alle die Ausführungen verstehen, die ohne Einsatz elektronischer oder elektromechanischer Bauteile zur Erzeugung von Morsezeichen benutzt werden.

Hier haben wir es im einfachsten Fall mit der Handtaste zu tun (ein vielleicht etwas unglücklicher Ausdruck, da letztlich alle Morsetasten mit einer Hand betätigt werden; aber jeder weiß, was gemeint ist), die elektrisch nichts anderes als einen einfachen Schalter darstellt. Durch mehr oder weniger langes Schließen des Kontaktes erzeugt hierbei der Telegrafist die Elemente eines Morsezeichens. Der gesamte Prozeß der Zeichenerzeugung liegt also beim Operator. Er allein beeinflußt die Exaktheit, den Klang und letztlich die Lesbarkeit der Zeichen. Es ist allgemein bekannt, daß hierzu nicht nur die Kenntnis des Morsecodes, sondern eine gediegene Ausbildung im Geben erforderlich ist.

In der Praxis findet man die verschiedensten Ausführungen von Handtasten, die sich vom Prinzip her kaum, im Detail allerdings erheblich durch die Qualität der Verarbeitung und damit auch den Preis unterscheiden. Hier gibt es ein relativ großes Angebot, das von der Spielzeugmorsetaste bis zu hochwertigen

Ausführungen reicht, die auch im professionellen Bereich zum Einsatz kommen. Kontakte aus Edelmetall (die übrigens niemals mit Feile oder Schmirgelpapier „gereinigt" werden sollten) gewährleisten bei den besseren Ausführungen eine einwandfreie Kontaktgabe auch bei kleinen Betätigungskräften. Eine möglichst feinfühlige Verstellbarkeit des Kontaktabstandes und der Rückstellkraft erlaubt die Anpassung an die persönlichen Wünsche des Telegrafisten.

Eins sei hier jedoch einmal ganz klar gesagt: Die Qualität (und damit der Preis) einer Morsetaste hat keinen ursächlichen Einfluß auf die Sauberkeit der Morsehandschrift, d.h. eine unsaubere Gebeweise wird auch durch die Benutzung einer guten Taste nicht automatisch besser; ein wirklicher Könner hingegen wird auch mit einer noch so einfachen Ausführung sauber klingende Morsezeichen geben! Dies gilt auch für die Benutzung elektronischer Morsetasten, schließt jedoch nicht aus, daß gerade bei der Ausbildung auf eine vernünftige, sprich schwere und exakt einstellbare Morsetaste Wert gelegt werden soll. Schon früh erkannten die Telegrafisten die Grenzen der herkömmlichen Handtasten. Kann ein geübter Funker auch mit einer normalen Taste flott und sauber zugleich geben, so treten bei höheren Tempi oder langen Sitzungen doch unvermeidlich Ermüdungserscheinungen auf, die sich nicht unbedingt positiv auf die Morsehandschrift auswirken. Hier hat man schon vor langer Zeit auf Möglichkeiten gesonnen, Morsezeichen mit einem geringen Aufwand an „Handarbeit" zu erzeugen.

Der erste Schritt in diese Richtung war wohl die Entwicklung des Wabblers. Hierbei wird der Tasthebel so gelagert, daß eine horizontale Drehbewegung aus einer mittleren Ruhelage heraus wahlweise einen rechten oder linken Kontakt schließt. Der Vorteil liegt in einer bequemen Armhaltung und einer Erhöhung der Geschwindigkeit ohne Mehrbelastung der Hand, da die notwendige Anzahl der Bewegungen durch Verdopplung der Kontakte (rechts und links) halbiert wird.

Der nächste Schritt war dann die Entwicklung der halbautomatischen Taste, des sogenannten Bug, bei dem durch eine sinnreiche Federmechanik eine Punktfolge durch nur einmaliges Betätigen des Tasthebels in die entsprechende Richtung erzeugt wird. Hierdurch wird der Bewegungsaufwand für alle Morsezeichen, die zwei und mehr Punktelemente nacheinander besitzen, nochmals reduziert. Diese Geräte müssen von sehr hoher mechanischer Präzision sein und sind damit auch entsprechend teuer. Gerade hier ist eine möglichst schwere dreipunktgelagerte Ausführung wichtig. Halbautomatische Morsetasten werden heute nur noch von wenigen Liebhabern und „Nostalgikern" gesammelt, gepflegt und wohl ab und zu noch einmal eingesetzt. Man hört den so charakteristischen Klang eines Bugs, der meist eine recht eigenwillige Handschrift produziert, immer seltener auf den Bändern.

Es hat in der Vergangenheit sogar Bemühungen gegeben, mit Hilfe eines doppelten Schwingfeder-Systems Tasten zu bauen, die Punkt- und Strichreihen selbsttätig abgeben konnten. Diese Versuche wurden spätestens durch die Entwicklung und weite Verbreitung der elektronischen Morsetasten überflüssig.

3. Elektronische Morsetasten — historische Entwicklung

Die zweite große Gruppe von Morsetasten umfaßt die vielen Spielarten der elektronischen Taste. In den fünfziger Jahren erschienen hierzu in der Amateurfunkliteratur erste Schaltungsvorschläge, die mittels Elektronenröhren und Relais in der Lage waren, kurze und lange Zeichenelemente automatisch und mit gleichbleibender Präzision zu erzeugen. Im Prinzip hat sich hieran bis heute nichts geändert, jedoch war es ein langer Weg von den ersten stromfressenden Elbugs bis zu heutigen portablen, batteriegespeisten elektronischen Tasten.

Die allgemeine Verbreitung der Halbleitertechnik erlaubte es in den sechziger Jahren, die Vorteile der Transistortechnik (sprich geringer Raum- und Strombedarf) auch auf diesem Gebiet anzuwenden. Damals entstanden mittels diskreter Halbleiterbauelemente schon recht umfangreiche Schaltungen.

Der eigentliche Durchbruch der elektronischen Morsetasten erfolgte jedoch erst durch die Verwendung von digitalen integrierten Schaltungen. Hiermit konnte man erstmals eine komplexe Schaltung mittels relativ einfacher Verfahren auf dem Papier errechnen (oder gar zusammenpuzzlen) und dies dann mit standardisierten Bausteinen, eben den integrierten Logikschaltungen, in die Praxis übertragen. Funkamateure haben erfolgreich alle „Generationen" und „Familien" dieser Bauteile zum Bau von Elbugs eingesetzt. Heute ist es möglich, mit Hilfe einiger weniger und preiswerter integrierter Schaltungen sehr komfortable Morsetasten aufzubauen. Dazu finden sich in der einschlägigen Literatur und den Amateurperiodika vielfältige Anleitungen. Dem Basteltrieb und der Eigeninitiative sind hier keine Grenzen gesetzt.

Seit einiger Zeit finden verstärkt elektronische Tasten Anwendung, die bis auf wenige externe Bauteile alle Funktionen zur Zeichenerzeugung in einer einzigen integrierten Halbleiterschaltung vereinigen. Dieser „Keyer-on-a-Chip" ermöglicht den Aufbau eines kompletten Elbugs mit minimalem Schaltungsaufwand und auf kleinstem Raum. Die Spitze der technischen Entwicklung stellt derzeit (1981) wohl der Einsatz von „Mikroprozessoren" (richtiger: maskenprogrammierter Ein-Chip-Mikrocomputer) zum Bau elektronischer Tasten dar. Dieses Bauelement (nicht zu verwechseln mit Heimcomputern oder Morsetastaturen), das in riesigen Stückzahlen für viele, unterschiedliche Steuerungszwecke hergestellt wird, wird in diesem Fall während der Herstellung auf seine Aufgabe als Herz eines Elbugs vorbereitet. Es enthält alle Informationen darüber, wie es sich später „als Morsetaste" verhalten soll. Der Entwickler von elektronischen Tasten kann einen solchen Baustein wie ein herkömmliches elektronisches Bauelement benutzen. Diese „Computer-Morsetasten" übertreffen an Komfort und Einsatzmöglichkeiten die Leistungsfähigkeit selbst der oben erwähnten integrierten Morsetasten um eine ganze Dimension.

Hier bietet der Einsatz neuartiger Techniken zu durchaus günstigen Preisen Möglichkeiten, die vor einigen Jahren überhaupt noch nicht zu realisieren waren.

4. Elektronische Morsetasten — Geber

Was kann nun eine moderne elektronische Morsetaste und was muß ein Telegrafist beachten, der mit solchen Tasten arbeitet?

Prinzipiell besteht jede elektronische Taste aus einem Geber und einer zeichenerzeugenden Elektronik. Der Geber kann rein mechanisch (Wabbler) oder elektronisch arbeiten. Beide Einheiten können in einem Gehäuse vereinigt sein, sind aber auch als getrennte Baugruppen gebräuchlich. Im ersten Fall hat man eine kompakte und leicht zu transportierende Taste, ansonsten kann man beliebige Geber verwenden und vielfach kombinieren. Die hochwertigsten industriell hergestellten Wabbler werden nicht als Einbauausführung angeboten; sicher nicht zuletzt der optischen Wirkung wegen, denn auch hier spielt, wie überhaupt in der gesamten Amateurfunk-Telegrafie, nicht nur das technische, sondern auch das ästhetische Moment eine Rolle. Der Wabbler kann ein- oder zweiarmig ausgebildet sein. Auf die Funktionsweise eines einarmigen Gebers wurde weiter oben eingegangen. Bei einer zweiarmigen Ausführung sind die beiden Tasthebel jeweils zum mittig angeordneten gemeinsamen Kontakt hin zu bewegen. Der mechanische Aufwand ist für beide Systeme etwa gleich groß. Man findet hier, ähnlich wie bei den Handmorsetasten, eine Vielzahl von Ausführungen, die sich in Qualität und Preis sehr stark unterscheiden. Von zweckentfremdeten Relaiskontaktsätzen in selbstgebauten Tasten bis zu industriell hergestellten hochwertigen Ausführungen, die natürlich auch wieder ihren Preis kosten.

Bis auf wenige Ausnahmen werden heute im Handel nur noch zweiarmige Wabbler angeboten, die zum Tasten von squeezefähigen Elektroniken benutzt werden können. Hierbei kann durch zeitlich gestaffeltes Zusammendrücken beider Hebel eine Anzahl von Zeichen mit einem Minimum an Bewegung erzeugt werden. Ansonsten lassen sich zweiarmige Wabbler wie einarmige Ausführungen benutzen.

Als Sonderfall seien noch die vollelektronischen Sensorgeber erwähnt, die den Fortfall jeglicher (teuren) Mechanik mit einer sehr eingeschränkten Anwendbarkeit bei höheren Geschwindigkeiten erkaufen.

5. Elektronische Morsetasten — Zeichenerzeugung

Der elektronische Teil eines Elbug erzeugt kurze und lange Zeichenelemente sowie die zugehörigen Pausen über einen weiten, regelbaren Geschwindigkeitsbereich. Das Verhältnis dieser drei Grundelemente des Morsecodes ist, je nach Art der verwendeten Schaltung, fest vorgegeben oder in sinnvollen Grenzen zu verändern. Diese Veränderung des genormten Strich-Punkt-Pausen Verhältnisses (3:1:1) kann in bestimmten Fällen von Vorteil sein. Man sollte sich jedoch gerade bei dieser Einstellung im Interesse einer guten Lesbarkeit nicht zu Extremen verleiten lassen. Bei weitaus den meisten gebräuchlichen Tasten kann nur die Pausendauer verkürzt werden. Häufig ist der hierfür vorgesehene Regler mit „Weight" oder „Ratio" bezeichnet. Die fortgeschrittensten Schaltungen erlauben aber (wie ehedem bei vielen Röhrenschaltungen möglich) die individuelle, unabhängige Einstellung von zeitlicher Strich- und Punktlänge.

Moderne Tasten bieten häufig den Komfort eines Punkt- und Strichspeichers. Diese Einrichtung, nicht zu verwechseln mit der Textspeicherung einer Speichermorsetaste, erlaubt dem Bediener die Eingabe eines Zeichenelementes zu einem Zeitpunkt, an dem das vorherige Element noch ausgegeben wird. Diese, im ersten Moment etwas verwirrend anmutende Möglichkeit korrigiert bis zu einem gewissen Grad selbständig eine nicht ganz saubere Gebeweise, sollte aber keinesfalls zum unrhythmischen Geben verleiten.

Aus technischen Gründen findet man heute in der Praxis zwei Systeme der Punkt-Strich-Speicherung. Solange ein einarmiger Wabbler verwendet wird, verhalten sich beide völlig gleich. Beim Geben in Squeeze-Technik jedoch ist für den Operator bei einem System eine gewisse Umgewöhnung erforderlich, wenn vorher mit Squeeze-Tasten ohne Punkt-Strich-Speicher gearbeitet wurde. Aus diesem Grund ist eine abschaltbare Punkt-Strich-Speicherung vorteilhaft. Einige Schaltungen ergänzen nicht nur die Elementabstände, sondern auch die Abstände zwischen den Zeichen automatisch auf die Normlänge, was zwar ebenfalls zu einer sauberen Morseschrift beiträgt, jedoch auch abschaltbar sein sollte. Überhaupt sollten alle auf die Zeichenerzeugung wirkenden Zusätze und Schaltungskniffe vom Anwender nach Wahl einsetzbar sein und ihn nicht zwingen, Dinge zu benutzen, die er nicht benötigt oder benötigen will. Ein von der Taste gelieferter Mithörton, oft in Lautstärke und Tonhöhe regelbar, ist Voraussetzung zur Tastung von Geräten ohne einen eingebauten Mithörtonoszillator. Er ist aber auch zum Üben und für Demonstrationen recht vorteilhaft und kann bei einigen Geräten durch eine zusätzlich anschließbare Handtaste getastet werden; dann erspart er die Anschaffung eines separaten Tongenerators. Bei vielen Tasten besteht die Möglichkeit, mittels eines Schalters oder des Strichkontaktes am Wabbler nach vorheriger Umschaltung den Sender zur Abstimmung beliebig lange kontinuierlich zu tasten. Manchmal ist auch die Simulation einer halbautomatischen Taste möglich; es werden dann nur die Punkte automatisch, die Striche hingegen manuell gegeben. Der Tastausgang kann in Relaistechnik, häufig unter Verwendung schnellschaltender Reedkontakte, oder in Halbleitertechnik ausgeführt werden. Auch Optokoppler, die die Tastenelektronik wirksam vor Einflüssen aus dem Sender schützen (HF-Einstrahlung, hohe Spannung), gelangen hier zur Anwendung. Bei transistorisierten Ausgängen ist auf die Polarität der getasteten Spannung und die Belastbarkeit der Schalttransistoren zu achten.

6. Elektronische Morsetasten – Textspeicher

Wie schon erwähnt, erlaubt die hohe Integrationsdichte moderner Halbleiterschaltungen heute die Herstellung von kompletten elektronischen Morsetasten auf einem Chip. Aus dem gleichen Grund ist es heute ohne weiteres möglich, Elbugs für den Amateurgebrauch mit Textspeichern auszurüsten. Diese Speichermorsetasten erlauben das Eingeben, Speichern und Auslesen von kompletten Texten durch den Operator. Der Speicherinhalt bleibt dabei so lange erhalten, wie die Speicherbausteine mit Strom versorgt werden.

Speichertasten können den Telegrafisten bei der Ausgabe ständig gleicher oder ähnlicher Texte erheblich entlasten (cq-Rufe, Conteste, Übungen). Das Eingeben und Auslesen kann mit unterschiedlichen Geschwindigkeiten erfolgen. Dies hat z. B. erst die heutige qrq-Betriebstechnik beim Meteorscatter-Verkehr in großem Umfang ermöglicht. Der aus dem Speicher kommende Text sollte sinnvollerweise durch Betätigung des Wabblers jederzeit unterbrochen und ergänzt werden können.

7. (K)ein Ausblick

Derzeit werden erste elektronische Tasten angeboten, die in der äußeren Erscheinung und ihrem inneren Aufbau mehr einem Taschenrechner als einem herkömmlichen Elbug ähnlich sind. Bei diesen Tasten werden alle Funktionen über eine Zehnertastatur gesteuert; Geschwindigkeit, Mithörtonfrequenz, Strich-Punkt-Pausen-Verhältnis werden also nicht mehr mittels der gewohnten Regler eingestellt, sondern „programmiert".

Es soll an dieser Stelle gar nicht versucht werden, einen Ausblick auf die zukünftige Entwicklung der elektronischen Morsetasten zu wagen. Zu rasant ist das Tempo des technischen Fortschritts und die meisten Prognosen werden doch schon in kurzer Zeit von der Entwicklung überholt.

Festzustellen bleibt, daß sich trotz aller Fortschritte der Technik gerade bei der Amateurfunk-Telegrafie der Mensch nicht wegdenken läßt als aktiv gestaltende und im Zentrum allen Tuns stehende Persönlichkeit. Das gilt für die Telegrafie vielleicht mehr als für jede andere Betriebsart, denn letztlich bietet uns nur die Morsetelegrafie die einzigartige Möglichkeit, mittels unserer Fingerspitzen über alle Grenzen hinweg miteinander zu sprechen. „Let your fingers talk..."

Empfehlenswerte Literatur zum Thema

Pietsch, Hans-J.; DJ6HP
„Amateurfunk-Morsetelegrafie CW"
Franzis-Verlag, München, 1980, RPB 144

Autor: Uli Klinkenberg DF5DW

Morsezeichen-Tabellen

Vorwort

Die unter der Überschrift „Im internationalen Verkehr zugelassenen Morsezeichen" sind jene, die in entsprechenden Lehrbüchern vorzufinden sind und der VOFunk entsprechen.

Die unter „International Morse/Continental Code" angegebenen Zeichen entstammen amerikanischen Quellen und stimmen fast mit der Tabelle, die oben erwähnt wurde, überein.

Differenzen gibt es lediglich bei den Klammern. In der ersten Tabelle wird zwischen der Anfangsklammer (und der Abschlußklammer) unterschieden. Beim Continental Code gibt es für beide ein einziges Zeichen.

Man muß zwar beide Zeichen kennen, aber in der Praxis wird sich das einfache Zeichen aus dem Continental Code besser bewähren, denn abgesehen von irgendwelchen Prüfungsanforderungen, kommen Klammern kaum vor und sind, besonders bei schneller Niederschrift eines Amateurtextes einheitlich durch einen senkrechten Strich – im Gegensatz zu dem bekannten Schrägstrich, der auch als Bruchzeichen verwendet wird – dargestellt.

Neben diversen nationalen Morsealphabeten, von denen in Europa wohl nur die russischen Buchstaben öfter auch von den Amateuren verwendet werden, zumindest in Osteuropa, sind alle anderen Alphabete eigentlich nur Kuriositäten, deren praktischer Wert für Amateurfunker gering ist.

1. Im internationalen Verkehr zugelassene Morsezeichen

Abstand und Länge der Zeichen:

1. Ein Strich ist gleich 3 Punkten
2. Der Abstand zwischen den Einzelzeichen eines Buchstabens usw. ist gleich 1 Punkt
3. Der Abstand zwischen zwei Buchstaben usw. ist gleich 3 Punkten
4. Der Raum zwischen zwei Worten ist gleich 7 Punkten

Buchstaben:

```
a .-        f ..-.     k -.-      p .--.     u ..-
b -...      g --.      l .-..     q --.-     v ...-
c -.-.      h ....     m --       r .-.      w .--
d -..       i ..       n -.       s ...      x -..-
e .         j .---     o ---      t -        y -.--
                                             z --..

á oder å .--.-      ch ----     ñ --.--     ü ..--
         ä .-.-     é ..-..     ö ---.
```

Ziffern:

	(abgekürzt)			(abgekürzt)
1	.----	.-	6	-....	-....
2	..---	..-	7	--...	-...
3	...--	...-	8	---..	-..
4	....-	....-	9	----.	-.
5	.....	.....	0	-----	-

Sonstige Zeichen:

Anfangszeichen		-.-.-
Anführungszeichen vor und nach den Wörtern	(„")	.-..-.
Aufforderung zum Senden		-.-
Aufgearbeitet; Schluß des Verkehrs		...-.-
Auslassungszeichen oder Minutenzeichen	(')	.----.
Bindestrich, Gedankenstrich oder Subtraktionszeichen	(-)	-....-
Bruchstrich oder Divisionszeichen	(/)	-..-.
Doppelpunkt oder Divisionszeichen	(:)	---...
Doppelstrich	(=)	-...-
Fragezeichen	(?)	..--..
Irrung		....
Klammerzeichen, linkes	(()	-.--.
Klammerzeichen, rechtes	( ))	-.--.-
Komma (Beistrich)	(,)	--..--
Kreuz oder Additionszeichen	(+)	.-.-.
Multiplikationszeichen	(x)	-..-
Punkt	(.)	.-.-.-
Verstanden		...-.
Warten		.-...

2. International Morse (continental code)

Letters:

```
a .-       f ..-.    k -.-     p .--.    u ..-
b -...     g --.     l .-..    q --.-    v ...-
c -.-.     h ....    m --      r .-.     w .--
d -..      i ..      n -.      s ...     x -..-
e .        j .---    o ---     t -       y -.--
                                          z --..
```

Optional Letters:

```
á oder å .--.-      ch ----      ñ --.--      ü ..--
         ä .-.-     é ..-..      ö ---.
```

Figures:

	(Figures in Routine Repetitions)			(Figures in Routine Repetitions)
1 .----	.-	6 -....	-....
2 ..---	..-	7 --...	-...
3 ...--	...-	8 ---..	-..
4 ....-	....-	9 ----.	-.
5	.....	0 -----	-

Punctuations and other signs

Period	.-.-.-	Punkt
Comma	--..--	Komma
Colon	---...	Doppelpunkt
Question mark	..--..	Fragezeichen
Apostrophe	.----.	Apostroph
Hyphen	-....-	Gedankenstrich, Bindestrich
Fraction	-..-.	Bruchstrich, Schrägstrich, Divisionszeichen
Brackets	-.--.-	Klammern
Double hyphen	-...-	Doppelstrich
Underline	..--.-	Unterstreichungszeichen
Understood	...-.	Verstanden!
Error	....	Fehler
End of message	.-.-.	+ Kreuz
Invitation to transmit	-.-	K Aufforderung zum Senden
Wait	.-...	
End of work	...-.-	SK Schluß des Verkehrs
Starting signal	-.-.-	KA Anfangszeichen
Separation signal	.-..-	Trennungszeichen

3. American Morse

a .-	g --.	m --	s ...	y	4 ....-
b -...	h	n -.	t -	z	5 ---
c .. .	i ..	o . .	u ..-	&	6 ......
d -..	j -.-.	p	v ...-	1 .--.	7 --..
e .	k -.-	q ..-.	w .--	2 ..-..	8 -....
f .-.	l --	r . ..	x .-..	3 ...-.	9 -..-
					0 --

Period	..--..
Comma	.-.-
Hyphen	-....-
Question mark	-..-.
Exclamation mark	---.
Colon	-.-...
Paranthesis (	.....-.
)	....
Quotation	..-.-.
End of quotation	..-. -.-.-
Colon dash	-.-...-.
Capitalized letter	....-..-
Small letter	..---
Colon followed by quotation	-.- ..-.
Semicolon	.....-
Paragraph	----
Apostrophe	.-. .-..
Dollar	... .-..
Cents	.. .
Pound sterling	- .-...
Shilling	..- -
Percent	....

4. Russian Morse

А	.-	A
Б	-...	B
В	.--	W (V)
Г	--.	G
Д	-..	D
Е, Ё	.	E
Ж	...-	sch,z(stimmh.)
З	--..	Z
И	..	I
Й	.---	J
К	-.-	K
Л	.-..	L
М	--	M
Н	-.	N

О	---	O
П	.--.	P
Р	.-.	R
С	...	S
Т	-	T
У	..-	U
Ф	..-.	F
Х	....	CH
Ц	-.-.	C
Ч	---.	TSCH
Ш	----	SCH
Щ	--.-	SCHTSCH
Ю	..--	JU
Я	.-.-	JA
ь, ъ	-..-	„Weich"-zeichen
Ы	-.--	Y, Ü

5. Greek Morse

α	.-	Alpha		ρ	.-.	Rho
β	-...	Beta		σ	...	Sigma
γ	--.	Gamma		τ	-	Tau
δ	-..	Delta		γ	-.--	Ypsilon
ε	.	Epsilon		φ	..-.	Phi
ζ	--..	Zeta		χ	----	Chi
η	....	Eta		ψ	--.-	Psi
ϑ	-.-.	Theta		Ω	.--	Omega
ι	..	Iota		εγ	...-	Eta Ypsilon
κ	-.-	Kappa		γι	.---	Ypsilon Iota
λ	.-..	Lambda		ογ	..-	Omicron Ypsilon
μ	--	My		αι	.-.-	Alpha Iota
ν	-.	Ny		αγ	.-.-	Alpha Ypsilon
Z	-..-	Xi		εγ	---.	Epsilon Ypsilon
o	---	Omicron		οι	---..	Omicron Iota
π	.--.	Pi				

6. Turkish Morse

A	.-	E	.	J	.---	O	---	S	----	Y	-.--
B	-...	F	..-.	K	-.-	Ö	---.	T	-	Z	--..
C	-.-	G	--.	L	.-..	P	.--.	U	..-		
Ç	-.-.-	H	....	M	--	R	.-.	Ü	..--		
D	-..	I	..	N	-.	S	...	V	...-		

7. Japanese Morse

(sometimes reffered to as Kata Kana Radio Code)

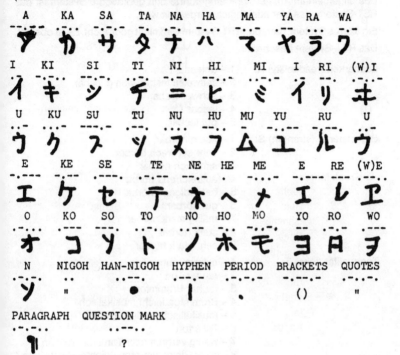

8. Arabic Morse

ا	.-	Alif	ز	---.	Zay	ق	--.-	Qaf
ب	-...	Ba	س	...	Seen	ك	-.-	Kaf
ت	-	Ta	ش	----	Sheen	ل	.-..	Lam
ث	-.-.	Tha	ص	-..-	Sad	م	--	Maam
ج	.---	Jeem	ض	...-	Dad	ن	-.	Noon
ح	...	Ha	ط	..-	Ta	ه	..-..	He
خ	---	Kha	ظ	-.--	Za	و	.--	Waw
د	-..	Dal	ع	.-.-	Ain	لا	.-...-	Lam-Alif
ذ	--..	Dhal	غ	--.	Ghain	ي	..	Ya
ر	.-.	Ra	ف	..-.	Fa			

Rapportsysteme

Das allgemein im Amateurfunk eingeführte und gebrauchte System ist das RST-System, das hier ausführlich dargestellt wird.

Ein älteres System, das sog. WRT-System wird nicht gebraucht. Es ist obsolet.

Das RST-System beschreibt:

Lesbarkeit (readability) **R**:
1 – unlesbar
2 – zeitweise lesbar, wenig lesbar
3 – schwer lesbar
4 – lesbar
5 – gut lesbar

Signalstärke (strength) **S**:
1 – kaum hörbar
2 – sehr schwach hörbar
3 – schwach hörbar
4 – ausreichend hörbar
5 – befriedigend hörbar
6 – gut hörbar
7 – mäßig stark hörbar
8 – stark hörbar
9 – sehr stark hörbar

Tonqualität (tone) **T**:
1 – extrem rauher Ton
2 – rauher Ton
3 – rauher Brummton
4 – Brummton leicht musikalisch
5 – musikalisch modulierter Ton
6 – Trillerton
7 – wenig verbrummter Ton
8 – guter Gleichstromton (leichter Restbrumm)
9 – reiner Gleichstromton

Dazu gibt es Zusätze: T 9 X = kristallreiner Ton; der Zusatz C bedeutet Chirp, also einen etwas „schwingenden" Einsatz oder Abfall eines Zeichen und der Zusatz K bedeutet Tastklicks, also das Vorhandensein steilster und überschwingender Flanken am Signal – beim Eintasten oder am Ende, also beim Austasten.

Im praktischen Betrieb findet man heute die schlimmsten Töne der Qualität T 6, T 7, bis eben aufwärts zu T 9. Die Tonqualitäten von T 1 bis T 5 treten – in der Reihenfolge bei Löschfunken-, Maschinen-Sendern sowie bei Sendern, die mit reinem Wechselstrom oder gar nicht gesiebtem Gleichstrom gespeist werden, auf.

Obwohl – wie im Hinblick auf das Entstehen der „schlechten" Tonstufen im praktischen Betrieb – manche der Angaben nicht mehr zeitgemäß sind und auch international schon Bemühungen zum Einführen eines neueren Systems im Gange sind, wird das RST-System noch für längere Zeit das STANDARD-BERICHTS-SYSTEM bleiben.

Sicher wird man die Frage stellen, warum überhaupt an eine Reform des Rapportsystems gedacht wird, wenn es sich so allgemeiner Beliebtheit erfreut.

Die Gründe liegen einmal in der Eigenschaft des „menschlichen Aufnahmesystems", wie weiter unten erläutert wird, zum anderen Teil auch im technischen Fortschritt. Früher leitete man die 9 S-Stufen von der Hörbarkeit im Kopfhörer ab, bzw. der Lautstärke aus dem Stationslautsprecher (siehe DARC-Buchreihe K. H. Hille, DL1VU – Einstieg in die Amateur-Funktechnik, Teil A, Seite 184), was heute aus mehreren Gründen wenig sinnvoll ist, denn fast jedes Signal, das vom – modernen – Stationsempfänger aufgenommen wird, kann zu einer „donnernden" Lautstärke verstärkt werden. Ferner sorgen Schwundausgleichschaltungen für eine nahezu konstante Lautstärke, auch bei stark unterschiedlichen Signalstärken am Empfängereingang.

Um die Ungenauigkeiten des bisherigen subjektiven „S"-Systems der Bemessung der Signalstärke zu beseitigen, wurde von der Konferenz der IARU Region 1 in Miskolc im April 1978 folgende meßtechnisch erfaßbare Norm beschlossen:

1. Eine S-Stufe entspricht einem Pegelunterschied von 6 dB.
2. Unterhalb 30 MHz ist für die S-Meter-Anzeige „S9" eine Empfänger-Eingangsspannung von $-$ 73 dBm (73 dB unter 1 mW) entspr. 50 µV an 50 Ω zugrundegelegt.
3. Oberhalb 30 MHz soll dieser Wert um 20 dB niedriger liegen, also bei $-$ 93 dBm entspr. 5 µV an 50 Ω.
4. Das Meßsystem soll als Quasi-Spitzendetektor mit einer Anstiegszeit von 10 ms $\pm$ 0,2 ms und einer Abfallzeit von 500 ms arbeiten.

Die meisten S-Meter erfüllen nicht diese strengen Anforderungen, besonders bei CW und sollten **nicht** zur Erstellung von CW-Rapporten benützt werden. Erstens schwanken sie bei niedrigen Gebetempi mit den einzelnen Zeichen, zweitens geht in die Anzeige auch das umliegende QRM ein und ist in vielen Fällen von der Charakteristik der Automatik (AVR) abhängig.

Also verbleibt eben nur das „Gefühl" – und eben deshalb möchte man zu einer anderen Rapportart kommen. Beim Erstellen des Rapports ist natürlich auch die Stellung des Lautstärkereglers und der HF/ZF-Handregelung zu beachten. Wird z. B. die HF-Regelung von Hand heruntergedreht, um im QRM Übersteuerungen zu vermeiden, ist es wenig sinnvoll, dann auf diese Weise „leise" gemachten Stationen einen Rapport von S 3 zu geben!

Ein weiteres Rapportsystem ist das im dienstlichen und kommerziellen System gebrauchte QRK-QSA-System. Es ist einfach, sinnvoll, hat jedoch keine Tonbeurteilung. Trotzdem sollte man es im Amateurfunk nach Bedarf gebrauchen.

Der Grund zum Gebrauch eines 5-Stufensystems liegt darin, daß der Gehörsinn des Menschen innerhalb des vorhandenen Dynamikbereiches nur 5 deutlich verschiedene Lautstärkestufen unterscheiden kann und nicht etwa 9, wie uns die S-Skala glauben macht. Deshalb sind auch die Bemühungen der IARU (siehe unten) auf eine Angleichung vorhanden.

S-Meter-Norm IARU Region 1

S-Meter Anzeige	Unter 30 Mhz			über 30 MHz		
S	dBm	(U an 50 Ω)	dBµV	dBm	(U an 50 Ω)	dBµV
9 + 40 dB	− 33	(5,0 mV)	74	− 53	(500 µV)	54
+ 30 dB	− 43	(1,6 mV)	64	− 63	(160, µV)	44
+ 20 dB	− 53	(500 µV)	54	− 73	(50 µV)	34
+ 10 dB	− 63	(160 µV)	44	− 83	(16 µV)	24
9	− 73	(50 µV)	34	− 93	(5,0 µV)	14
8	− 79	(25 µV)	28	− 99	(2,5 µV)	8
7	− 85	(12,6 µV)	22	− 105	(1,26 µV)	+ 2
6	− 91	(6,3 µV)	16	− 111	(0,63 µV)	− 4
5	− 97	(3,2 µV)	10	− 117	(0,32 µV)	− 10
4	− 103	(1,6 µV)	+ 4	− 123	(0,16 µV)	− 16
3	− 33	(0,8 µV)	− 2	− 129	(0,08 µV)	+ 22
2	− 115	(0,4 µV)	− 8	− 135	(0,04 µV)	− 28
1	− 121	(0,21 µV)	− 14	− 141	(0,02 µV)	− 34

QRK:
QRK ?: Wie ist die Verständlichkeit meiner Übermittlung?

QRK 1: Die Verständlichkeit ihrer Übermittlung ist schlecht; praktisch unverständlich.
QRK 2: Die Verständlichkeit .... ist mangelhaft.
QRK 3: Die Verständlichkeit .... ist ausreichend.
QRK 4: Die Verständlichkeit .... ist gut.
QRK 5: Die Verständlichkeit .... ist ausgezeichnet.

QSA

QSA ? = Wie ist die Stärke meiner Zeichen?

QSA 1: Ihre Zeichen sind kaum hörbar.
QSA 2: Ihre Zeichen sind schwach hörbar.
QSA 3: Ihre Zeichen sind ziemlich gut hörbar.
QSA 4: Ihre Zeichen sind gut hörbar.
QSA 5: Ihre Zeichen sind sehr gut hörbar.

Die Stärke dieser Rapportsysteme beruht darauf, daß der Mensch – infolge seiner nichtlinearen Unterscheidungsfähigkeit – etwa gerade 5 Stufen verschiedener Signalstärken unterscheiden kann.

Ganz selten hört man auch den Rapport QSA Ø, was andeuten soll, daß gar kein Signal vorhanden ist. Einen solchen Gebrauch sollte man vermeiden, da es für diesen Zustand z. B. das Kürzel ZAN oder auch GUHOR gibt.

Eine weitere Möglichkeit, Rapporte zu geben, bietet das Kürzel QOF.

QOF

QOF ? = Wie ist die Betriebsgüte meiner Zeichen?

QOF 1: Die Güte Ihrer Zeichen ist nicht brauchbar.
QOF 2: Die Güte Ihrer Zeichen ist noch brauchbar.
QOF 3: Die Güte Ihrer Zeichen ist voll brauchbar.

An sich genügt dieser Rapport für die meisten Arten der Kommunikation! Er würde durchaus im Amateurfunkdienst ausreichen, zumindest bei der Abwicklung von sog. Standard-QSO oder im Contestbetrieb.

Interessanterweise „hängen" jedoch die Funkamateure an dem obsoleten RST-System, Rapporte mit dem QRK/QSA-System sind selten, noch seltener der Gebrauch des QOF.

Um dem beschriebenen 5-stufigen „Wertungsystem" Rechnung zu tragen, hat die Region I der IARU unter Mitwirkung des DARC vorgeschlagen, lediglich 5 – und zwar nur die ungeraden S-Stufen zu gebrauchen, nämlich S 1, S 3, S 5, S 7 und S 9.

Da jedoch die Verwendung der Stufe S 1 im KW-Gebiet u.U. unsinnig ist (und auch für eine Reihe von Diplomen, z.B. von der DIG nicht anerkannt wird) und zwar aus technischen Gründen, da der Störpegel auf 160 m, 80 m, z.T. auch auf 40 m und 30 m diesen Wert erreicht und auch überschreitet, wurde eine Modifizierung vorgeschlagen. Die empfohlene Stufung wäre dann – für Kurzwelle – so zu gebrauchen:

S 3 – schwach hörbar
S 5 – befriedigend bis gut hörbar
S 7 – gut bis mäßig stark hörbar
S 8 – stark hörbar
S 9 – sehr stark hörbar

Das Hauptproblem bei der Anwendung *aller* Rapportsysteme ist die *Ehrlichkeit*, mit der ein Rapport aufgestellt wird! Aus falscher „Höflichkeit", um bei DX-Stationen „guten" Eindruck zu machen, in Contesten aus Faulheit, wird das Rapportsystem *mißbraucht,* indem man „schönt". Stereotype „599-Rapporte" sind ein typisches Merkmal!

Damit ist allerdings niemandem gedient, doch scheint der Mißbrauch nur sehr schwer ausrottbar, obwohl doch jeder OP Interesse haben müßte, über seine „echte" Hörbarkeit und Qualität Bescheid zu wissen!

Leider leisten in letzter Zeit programmierbare elektronische Hilfsmittel diesem Unfug Vorschub (Speicher!), doch sollte ein vernünftiger Telegrafist, auch wenn er Hilfsmittel gebraucht, *redlich und ehrlich* sein und schlechte Sitten bekämpfen. Nur wer sich so verhält, kann gleiches Verhalten von den anderen Mitgliedern der Gemeinschaft erwarten!

Wir möchten doch alle *ehrliche* Rapporte bekommen!?

Autor: Otto A. Wiesner, DJ5QK

Bemerkungen zu der „einheitlichen Funkerschrift"

Aus der DDR stammen die abgebildeten Tabellen dieser Funkerschrift. Um alle Dienste zu vereinheitlichen und hohe Effizienz der Ausbildung zu erhalten, wurde diese Schrift entwickelt.

Für unsere Zwecke im Amateurfunk ist sie höchstens für interessierte OM brauchbar, besonders dann, wenn sie an Schnelltelegrafie, oder gar an der Teilnahme an Wettbewerben in dieser Sportart interessiert sind.

Dennoch wollen wir auf die Veröffentlichung nicht verzichten, da auch eine solche Erscheinung zum Bild des Telegrafie-Funks innerhalb des Amateurfunks gehört.

Tabelle 1

Funkerschrift	Kriterien	Klangbild	Funkerschrift	Kriterien	Klangbild
a	oι	dit da	ü	ıı"	dit dit da
b	ᵒᵨ	da dit dit dit	v	v	dit dit dit da
c	c	da dit da dit	w	v̂v	dit da da
d	o⁾	da dit dit	x	x	da dit dit da
e	ε	dit	y	v/	da dit da da
f	ᵒ₊	dit dit da dit	z	⁷ᒣ	da da dit dit
g	ᵒ₀	da da dit	ä	oι'	dit da dit da
h	n	dit dit dit dit	ö	o'	da da da dit
i	ı˙	dit dit	ü	ıı'	dit da dit da
j	j˙	dit da da da	ch	c'n	da da da da
k	k	da dit da	1	1	dit da da da da
l	ᵒι	dit da dit dit	2	2_	dit dit da da da
m	ııı	da da	3	3	dit dit dit da da
n	ıı	da dit	4	ᴸ₊	dit dit dit dit da
o	o	da da da	5	ᴦᴐ	dit dit dit dit dit
p	/o	dit da da dit	6	ᶜo	da dit dit dit dit
q	ᵒ/₋	da da dit da	7	7/-	da da dit dit dit
r	~ι	dit da dit	8	ᵒo	da da da dit dit
s	⁻ᴊ	dit dit dit	9	ᵒ/	da da da da dit
t	/-	da	∅	o/	da da da da da

Beispiel 1: Funkerschrift während der 1. Phase der Ausbildung. Es sind keine Abweichungen zulässig!

6 Fehler

Tabelle 2

Funker-schrift	Abweichungen zulässig	Abweichungen unzulässig	Funker-schrift	Abweichungen zulässig	Abweichungen unzulässig
a	a	a ₥	ŭ	ŭ ŭ	u u
b	b	b b	v	keine	v v
c	c	8 0	w	W W	w w
d	keine	d d d d	x	x X	x x
e	ε ε	e e	y	y	y y
f	f f f	f	z	z	Z Z z
g	g	g y	ä	á ä á	ä ä ä
h	h	h f	ö	ó ó	ö ö ö
i	i i	ı ι /	ü	ú ú ú	ũ ũ ü
j	j j	j j t	ch	keine	ch ch
k	K K k	k	1	1 1	/
l	l	L 1	2	2 2	L
m	m m	m -	3	keine	з
n	n u	N	4	4 4	4
o	o o	o o	5	keine	5 5
p	p	p p	6	b 6	6 6
q	q	q q	7	7	7
r	r	r	8	8	8 8
s	keine	1 s	9	9	9 9
t	t t	f	0	0	0 0

Beispiel 2: Funkerschrift in der weiteren Ausbildung, beim Übungs-, Trainings- und Wettkampfbetrieb. Hier sind die Abweichungen in der Schrift laut Tabelle 2 zulässig.

	1	2	3	4	5	6	7	8	9	10
	6az 63	lmnop	7cg×1	250y2	klg+3	cföli	ĥq+3j	etü+7	z2v6i	ǿwx7₁
							1 Fehler			

Auswahl von Kürzeln für den Gebrauch im Amateurfunk

Einleitung

Die erste Übersicht zeigt Abkürzungen des Q- und Z-Schlüssels in der Form, wie sie von Amateuren verwendet werden, also sowohl als Frage – mit anhängendem Fragezeichen – als auch als Antwort oder in der Form eines Substantives (als Hauptwort: z. B. QSO = Verbindungen). Es handelt sich natürlich um Auswahlen, d. h. es sind nur die Kürzel berücksichtigt, die man im Amateurbetrieb erwarten kann.

Gleiches gilt für die alphabetisch aufgelisteten Kürzel, die nur die meistgebrauchten Abkürzungen darstellen. Tatsächlich gibt es die zwei- bis dreifache Anzahl solcher Kürzel, die sich für verschiedene Fachgebiete – auch des Amateurfunks – fast beliebig erweitern lassen.

Ferner liegen dann noch Abkürzungen in deutscher Sprache vor, die früher weitaus zahlreicher und auch im innerdeutschen Verkehr häufiger waren. Es wurden nur die aktuellen Kürzel angeführt, die auch in neuester Zeit noch Anwendung finden. Ferner liegt noch eine Auswahl von Kürzeln vor, die von Zahlen abgeleitet wurden und im Gebrauch sind.

Weiter sind noch einige Kürzel angegeben, die aus europäischen Sprachen stammen und angewendet werden können, zumal in Mitteleuropa mit diesen Ländern (Frankreich, Italien, Tschechoslowakei, Rußland, Ungarn) öfter Verbindungen hergestellt werden.

1. Kürzel — Q-Schlüssel

Die Kürzel werden in vereinfachter Form dargebracht, nicht wie in den kompletten Tabellen als Frage und Antwort, da im Amateurgebrauch teilweise diese Kürzel als Hauptwörter (Substantiva) gebraucht werden. Ein Anhängen eines Fragezeichens macht aus dem Kürzel eine Frage, ohne Fragezeichen, ggf. mit einer sachlichen Ergänzung, ist es eine Aussage, ggf. ein Ausruf.

QAZ	– hier Gewitter
QFX	– arbeite mit geringer Leistung
QNZ	– kommen Sie genau auf meine Frequenz
QOF	– die Betriebsgüte des Signals ist:
	1 – nicht brauchbar
	2 – noch brauchbar
	3 – gut brauchbar
QQQ	– ich muß den Funkverkehr sofort abrechen, Erklärung erfolgt später
QRA	– Name der Station, Rufzeichen
QRB	– die Entfernung zwischen den Stationen beträgt
QRG	– die genau Frequenz ist . . . , diese Frequenz
QRH	– die Frequenz ist nicht konstant, die Frequenz schwankt

QRI	–	der Ton ist konstant
QRJ	–	die Signale sind mäßig (nur Osteuropa) (kann auch mit der Skala T von 1 – 9 beantwortet werden)
QRK	–	die Lesbarkeit Ihrer Signale ist: 1 – schlecht 2 – mangelhaft 3 – ausreichend 4 – gut 5 – ausgezeichnet
QRL	–	ich bin beschäftigt
QRM	–	es liegen Störungen durch andere Sender vor (ggf. Skala von 1 – 5, 5 ist max. gestört)
QRN	–	es liegen athmosphärische Störungen, z. B. Gewitter vor (Skala ggf. wie bei QRM, 5 ist Maximum)
QRO	–	Sendeleistung erhöhen, auch: hohe Sendeleistung
QRP	–	Sendeleistung vermindern, auch: geringe Sendeleistung
QRQ	–	schneller geben, Sendetempo steigern, ggf. ZpM, oder WpM angeben
QRS	–	langsamer geben, ggf. Tempoangabe in ZpM, oder WpM
QRT	–	Übermittlung einstellen, Sendung einstellen, ich stelle Übermittlung ein
QRU	–	ich habe nichts für Sie
QRV	–	sind Sie bereit, ich bin bereit
QRX	–	bitte warten, warten auf Anruf um . . . . Uhr auf . . . . MHz
QRZ	–	wer ruft mich?
QSA	–	die Stärke des Signals ist: 1 – kaum aufnehmbar 2 – schwach 3 – befriedigend 4 – gut 5 – sehr gut
QSB	–	die Stärke des Signals schwankt
QSD	–	Ihre Tastung ist mangelhaft
QSK	–	ich kann zwischen meinen Zeichen hören (voll BK)
QSL	–	ich kann Empfangsbestätigung geben; auch: Bestätigungs-QSL-Karte
QSLL	–	ich möchte QSL-Karten austauschen
QSO	–	ich kann Verbindung mit . . . . aufnehmen; auch: die Verbindung
QSP	–	ich werde an . . . . (die Nachricht) vermitteln
QST	–	Mitteilung an alle (ARRL)
QSU	–	senden Sie auf der Frequenz . . . . MHz
(QSUF)		ich kann . . . . telefonisch erreichen
QSV	–	senden Sie eine Reihe „V"
QSW	–	ich werde auf der Frequenz . . . . MHz senden

QSX – ich höre jetzt auf . . . . MHz; ich bin für . . . . auf MHz empfangsbereit
QSY – bitte senden Sie auf . . . . MHz; auch: Frequenzwechsel
QSZ – senden Sie jedes Wort zweimal
QTA – überholt; Funkspruch (Nr. . . .) ungültig
QTC – ich habe (Anzahl) Mitteilungen für Sie
QTH – mein Standort ist . . . .
QTHR – der Text im Callbook, das Rufzeichen stimmt
QTR – die Uhrzeit ist genau . . . . UTC (GMT)
QUE – können wir in Telefonie arbeiten?
QZY – ich kann Sie nicht hören(ZAN, GUHOR)

Ergänzungen:

2. Kürzel, Z-Schlüssel

Die wichtigsten Zeichen für den Amateurverkehr wurden hier in einer kurzen Zusammenfassung gebracht. Werden sie mit einem Fragezeichen versehen, gelten sie als Frage, ohne Fragezeichen als Antwort oder Ausruf.

ZAL – Wellenlänge ändern (**a**lter **l**avelength)
ZAN – absolut nichts zu empfangen (**a**bsolutely **n**othing)
ZAO – Aufnahme in Telefonie unmöglich, verwenden Sie Telegrafie (**A**1 **o**nly)
ZAP – Bestätigung erbeten, Bestätigung (**a**cknowledge **p**lease)
ZBO – habe Funkverkehr (**b**eing in **o**peration)
ZCS – Sendung einstellen (**c**ease **s**ending)
ZCT – alles zweimal geben (send **c**ode **t**wice)
ZFB – starker Schwund (signals **f**ading **b**adly)
ZFS – schwacher Schwund (signals **f**ading **s**light)
ZFO – Signale verschwunden (signals **f**ade **o**ut)
ZHC – wie hören Sie mich; Empfangsbedingungen (**h**earing **c**learly)
ZLS – hier Gewitter (**l**ightning **s**torm)
ZMO – Augenblick warten (stand-by **o**ne **m**oment)
ZNC – keine Verbindung mit . . . (**n**o **c**ommunication with . . .)
ZNI – Rufzeichen nicht aufgenommen/gehört (**n**o call letters or **i**dentification heard)

ZNN	–	hier liegt nichts mehr vor (**n**o, **n**othing)
ZMQ	–	bitte ... Minuten warten (wait ... **m**inutes)
ZMR	–	Signale mäßig lesbar (signals **m**oderately **r**eadable)
ZOK	–	Empfang OK (receiving **OK**)
ZRO	–	empfangen Sie OK (receiving **O**K)
ZSF	–	schneller geben (**s**end **f**aster)
ZSR	–	Signale stark und gut lesbar (**s**trong & **r**eadable)
ZSU	–	Signale unlesbar (signals **u**nreadable)
ZTH	–	mit der Hand senden (**t**ransmit by **h**and)
ZTI	–	zeitweise unterbrochen (**t**emporary **i**nterrupted)
ZTV	–	mit dem Bug senden (**t**ransmit by **v**ibrokeyer)
ZTZ	–	hier Netzstörung (international nicht üblich)
ZUB	–	ist ist nicht möglich Sie zu unterbrechen (**u**nable to **b**reak you)
ZVF	–	Frequenz schwankt (signals **v**arying in **f**requency)
ZVP	–	eine Reihe V senden (send **V**s **p**lease)
ZWC	–	Klicks und Chirps feststellbar (**w**ipers & **c**licks received here)
ZWO	–	jedes Wort nur einmal senden
ZWR	–	Zeichen schwach, aber lesbar (**w**eak but **r**eadable)
ZWT	–	alle Wörter zweimal senden (send **w**ords **t**wice)
ZXD	–	nur Striche senden (**x**mit **d**ashes only)
ZYS	–	das Sendetempo ist ... (**y**our **s**peed of sending is ...)
ZZH	–	nochmals versuchen

Ergänzungen:

3. Abkürzungen aus der deutschen Sprache

AWDH	–	Auf Wiederhören!
AWDS	–	Auf Wiedersehen!
(BRT)	–	(Bericht)
BTE	–	bitte
DK	–	Dank, danke
DKS,		
DS	–	danke sehr
(ENT)	–	(entschuldigen Sie!)
FRD	–	Freund (auch im internationalen Verkehr)
GA	–	Guten Abend! Siehe Anmerkung 1

GT	–	Guten Tag!
HZL	–	herzlich
IK	–	ich
LB, LBR,		
LBE	–	lieber, liebe
NIT	–	nicht. Siehe Anmerkung 2
NIX	–	nichts, nicht
UKW	–	Ultrakurzwellen. Siehe Anmerkung 3
VL,		
VLN	–	viel, vielen
(WDH)	–	(auf Wiederhören!)
(WDS)	–	(auf Wiedersehen!)

Kürzel in Klammern: selten, oder veraltet, kaum gebraucht

Anmerkung 1: nicht empfehlenswert, obwohl gebraucht, Verwechslung mit dem internationalen ga = good afternoon möglich.

Anmerkung 2: nicht empfehlenswert, da Verwechslung mit dem internationalen nite = Nacht möglich.

Anmerkung 3: international VHF = UKW.

Ergänzungen:

4. Zahlenkürzel

2	two = to	zu
2nite	two = to night	heute Abend, heute Nacht
33	love and kisses	liebe Grüße (unter Funkerinnen!)
4	four = for	für
55		viel Erfolg, viel Spaß (innerdeutsch!)
66		Gott segne Sie! (Convenlat-Schöpfung!)
73	best wishes, best regards	beste Wünsche, besten Gruß
77		Gruß der DIG
88	love and kisses	liebe Grüße
99	keep out!	verschwinde!

5. Kürzel aus Fremdsprachen

BJR	bon jour	Guten Tag (französisch)
BN		Gute Nacht (französisch)
BS	bon soir	Guten Abend (französisch)
CIAO		Gruß, etwa Tschüß, Grüß Dich (italienisch)
DSW	do swidanja	Auf Wiedersehen! (russisch)
KOB		lieber Freund (ungarisch)
MCI	merci	danke (französisch)
MSR	monsieur	Herr (französisch)
NSL	na shledanou	Auf Wiedersehen! (tschechisch)
PR	pour	für (französisch)
VX		alter Freund (französisch)
ZEDDER		neuseeländer Amateurfunker

Ergänzungen:

6. Auswahl allgemeiner Amateurfunk-Abkürzungen

Es ist nicht die Absicht, hier alle Abkürzungen, die aus diversen Literaturquellen zusammengelesen werden könnten, zusammenzustellen. Es sollen nur die wichtigsten Abkürzungen aufgelistet werden. Manche Abkürzungen, die in diesem Kapitel nicht vorkommen, findet man, z. B. in der Beschreibung des QTC-Verkehrs, manche sind auch unter den Kürzeln zu finden, die von Zahlen abgeleitet sind.

Nachdem die Sprache der Funkamateure gerade bei Abkürzungen dieser Art – im Gegensatz zu mehr oder minder streng festgelegten Bedeutungen des Q-Schlüssels – eine sehr lebendige, sich wandelnde Sprache ist, von Land zu Land verschieden, modifiziert für den DX-Verkehr usw., wird jeder OM und jede OW im Laufe des Amateurfunkdaseins noch weitere Kürzel kennenlernen und anwenden.

Für den Anfang, für die allgemeine Orientierung stehen hier in alphabetischer Reihenfolge zusammengestellte Zeichen als Hilfe.

Auswahl von Amateurfunk-Abkürzungen

A

A	eine, ein
ABT	etwa, ungefähr
AC	Wechselstrom (auch Brumm)
ADR	Anschrift
AER	Antenne
AF	Tonfrequenz
AGN	nochmals, wieder
AM	Amplitudenmodulation
A.M.	Vormittag (ante meridiem)
ANI	irgendein, jemand
ANS	Antwort
ANT	Antenne
AR	+ Schlußzeichen (Betriebszeichen)
AS	Warten! (Betriebszeichen)

B

B4	„before" – bevor, vorher
BC	Rundfunk
BCI	Rundfunkstörungen
BCL	Rundfunkhörer
BCNU	hoffe Sie wieder zu treffen
BD	schlecht, übel
BK	Unterbrechung, ich unterbreche (Betriebszeichen)
BN	zwischen
BQ	Antwort auf Rückfrage (RQ)
BTR	besser
BUG	halbautomatische Taste, mechanisch (wörtlich: Wanze)

C

C	ja, Bejahung
CC	Quarzgesteuert
CFM	Bestätigung, ich bestätige
CHEERIO	Heil! Tschüß! (Grußwort)
CK	Wortzahlangabe
CKT	Schaltung
CL	Ich schließe die Station (Betriebszeichen)
CLD	gerufen

CLG	rufend
CO	Quarzoszillator
CONDS	Ausbreitungsbedingungen
CONGRATS	Glückwunsch
CPI, CPY	Aufnahme, aufnehmen
CQ	an alle (Betriebszeichen)
CRD	Karte, Stationskarte
CUAGN	auf Wiederhören, auf Wiedersehen
CUD	konnte
CUL	auf Wiederhören, auf Wiedersehen, wir treffen uns später
CW	Telegrafie, Tastfunk, code work

D

DB	dB, Dezibel
DC	Gleichstrom, auch: Gleichspannung
DE	von
DP, DOPE	Inhalt der Mitteilung, Information
DR	lieber, liebe
DWN	hinunter; Frequenz verringern = hinunter im Frequenzspektrum
DX	weite Entfernung, Fernverbindungen, Interkontinentalverbindungen

E

EB	warten (siehe auch AS)
ECO	Oszillator mit Elektronenkopplung
EH	?, Fragezeichen
EL	Element, Antennenelement
ELBUG	elektronische Morsetaste
EMC	Electromagnetic compatibility, (auch Eighty-Meter-Community)
ERE	hier
ES	und
EU	Europa

F

FB	feine, feine Sache
FD	Frequenzverdoppler
FER	für
FM	von
FM	Frequenzmodulation
FRD	Freund
FREQ	Frequenz
FR	für

G

GA	beginnen Sie, fangen Sie an
GA	Guten Nachmittag!
GB	Lebewohl!
GD	Guten Tag!
GL	Alles Gute! Viel Erfolg!
GLD	glücklich, zufrieden
GM	Guten Morgen!
(GMT)	Greenwich Mean Time $\triangleq$ UTC
GND	Erde, Erdung
GN	Gute Nacht!
GR	Gruppen, auch Wörter in Telegrammen
GP	Groundplane, Vertikalantenne mit Gegengewichten
GUD	gut

H

HAM	Funkamateur
HF	Hochfrequenz, auch: Kurzwelle
HI	ich lache, Gelächter, auch selbstironisierend gemeint
HPE	ich hoffe, hoffentlich
HR	hier
HRD	gehört
HV	habe
HW	was meinen Sie dazu? wie steht's?
HWSAT?	wie finden Sie das?

I

I	ich
INFO	Information
INPT, INPUT	Eingangsleistung

J

JOKE	Witz, Spaß

K

K	bitte senden (Betriebszeichen)
KHZ	Kilohertz
KN	bestimmte Station bitte kommen!
KNW	ich weiß, wissen
KW	Kilowatt
KY	Morsetaste

L

LID	schlechter Funker, Operator
LIS	Funklizenz, lizenziert
LOG	Funktagebuch
LP	long path, „langer" Weg (um die Erde)
LSB	unteres Seitenband
LSN	hören, hören Sie
LTR	Brief
LUCK	Glück
LUF	niedrigste brauchbare Frequenz

M

MA	Milliampere
MB	moonbounce, Reflexion vom Mond
MDX	auf UKW: größte vom prt. Standort erreichte Entfernung
MEZ	nur in Deutschland: Mitteleuropäische Zeit
MESZ	nur in Deutschland: Mitteleuropäische Sommer-Zeit
MGR	Manager
MHZ	Megahertz
MI	mein
MIKE	Mikrofon
MILS	Milliampere (Mehrzahl)
MIN	Minute
MINS	Minuten
MM	maritime mobile, bewegl. Station zur See
MNI	viel, viele
MO	master oscillator, Steuersender
MOM	Moment
MOD	Modulation
MRI	fröhlich, fröhliche
MS	Meteorscatter (-Verbindung)
MSG	Nachricht, Mitteilung, Telegramm
MTR	Meter, Meßgerät
MUF	höchste brauchbare Frequenz

N

N	nein, Verneinung
NBFM	Schmalbandfrequenzmodulation
NG	nicht gut
NIL	nichts
NITE	Nacht
NM	nichts mehr
NO	nein, auch: Nummer
NR	nahe, nahe bei ....
NR	Nummer
NW	nun, jetzt

O

OB	alter Junge, (vertraulicher als OM!)
OC	alter Freund, (noch vertraulicher!!)
ODX	größte auf UKW vom Feststandort erreichte Verbindung
OK	richtig; alles korrekt; verstanden; in Ordnung
OM	old man, Funkfreund, Funkamateur
ONLI	nur
OP	Operator, Funker
OSC	Oszillator
OT	langjähriger Funker, „alter" Herr
OW	old woman, weibl. Funkfreund, Funkamateuse

P

PA	Endstufe
PEP	peak envelope power, Spitzenleistung
PM	post meridiem, Nachmittag
PP	Gegentakt
PSE	bitte
PSED	erfreut
PTT	Sendetaste (am Mikrofon)
PUNK	schlechter OP (= LID)
PWR	Leistung
PX	Präfix, Landeskenner

Q

QLF	geben mit dem „linken Fuß" (scherzhaft!)
Query	Frage
QUG	„ich muß schnell wassern" (scherzhaft! Austreten!)

R

R	verstanden, richtig empfangen
R	Zeichen für Dezimalkomma
RAC	gleichger. Wechselstrom, Brumm
RCD	empfangen
RCVD	empfangen
RCVR	Empfänger
RF	Hochfrequenz
RFC	RF-Störungen
RIG	Stationsausrüstung, Gerät
RPRT	Rapport
RPT	ich wiederhole, wiederholen Sie!
RQ	Frage (Request)
RST	readability, strength, tone: Rapport

RTTY	Funkfernschreiben
RX	Empfänger

S

SA	sagen Sie
SAE	adressierter Briefumschlag für Rückantwort
SASE	adressierter und frankierter Umschlag für Rückantwort
SED	sagte
sez	sagt
SIG(S)	Funkzeichen, Signale
SK	Verkehrsschluß, QSO-Ende
SKED	Verabredung zum QSO
SKIP	Empfangszone, Sprungzone
SN	bald
SP	kurzer Weg (in der Ionosphäre), kurz. Ausbreitungsweg
SRI	leider, bedauere
SSB	Einseitenbandmodulation
SSTV	Schmalbandfernsehübertragung
STN	Station
SUM	etwas, ein wenig, einige
SWL	Kurzwellenhörer
SWR	Stehwellenverhältnis

T

TEMP	Temperatur
TBS	Röhren
TFC	Funkbetrieb; QTC-Verkehr; Funkverkehr; zu übermittelnde Nachricht
THRU	durch
TKS	danke
TMW	morgen, am nächsten Tag
TNX	danke, vielen Dank
TRB, TRUB	Schwierigkeiten, Störungen
TRX	Transceiver, Sender-Empfänger
TU	danke, danken Ihnen
TVI	Fernsehstörungen
TX	Sender
TXT	Text

U

U	Du, Sie
UFB	ganz ausgezeichnet
UNLIS	nicht lizenziert, Pirat, Schwarzsender

UP	zu höheren Frequenzen, hinauf (im Frequenzspektrum)
UR	Dein, Ihr
URS	die Ihrigen (Deine Familie)
USB	oberes Seitenband
UTC	Weltzeit (auch GMT als ält. Bezeichnung, Zero-Time)

V

V	Reihe V wird auf Aufforderung gegeben, oder als Warteschleife
V	von (nur im innerdeutschen Verkehr = DE = von)
VFO	abstimmbarer Hauptoszillator
VHF	Ultrakurzwellen = UKW = Meterwellenbereich
VXO	variabler Quarzoszillator
VY	sehr

W

Watt	Watt, Leistungsangabe
WDS	Worte
WID	mit
WKD	gearbeitet (mit)
WKG	ich arbeite mit ....
WPM	Worte pro Minute (Morsetempo)
WRD	Wort
WRK	Arbeit, arbeiten mit ....
WUD	würde, wollte

X

XCUS	entschuldigen Sie, Entschuldigung
XCVR	Sendeempfänger, Transceiver
XMAS	Weihnachten
XMTR	Sender
XPECT	erwarte
XTAL	Quarz
XYL	Ehefrau

Y

YDAY	Gestern
YES	ja, Zustimmung (siehe auch C)
YL	Fräulein
YR	Jahr

Z

Z	Zero time, = UT = GMT

Otto A. Wiesner, DJ 5 QK

Q-Schlüssel

Vorwort

Die Q-Schlüsselzeichen werden als Frage und Antwort/Mitteilung im Dienstfunk gebraucht.

1. Q-Schlüssel/Abkürzungen im Flugfunkdienst

Die nachfolgende Tabelle bringt alle Q-Kürzel, die im Flugfunkdienst gebraucht werden. Infolge der hohen Spezialisierung findet man darunter nur sehr wenig Abkürzungen, die für den Amateurfunkdienst nützlich sein könnten.

Um die Vollständigkeit zu wahren und Interessierte zu informieren, werden auch hier sämtliche Kürzel in tabellarischer Aufstellung genannt.

Als Frage wird den Kürzeln ein Fragezeichen angehängt; bei verneinender Antwort „NIL".

QAA	Wann rechnen Sie in .... anzukommen?	Ich rechne, in .... um.... (Zeit) anzukommen.
QAB	Sind Sie unterwegs nach	Ich bin unterwegs nach .... oder Steuern Sie nach ....
QAC	Kehren Sie nach. . . .zurück	Ich kehre zurück nach .... oder Kehren Sie zurück nach ....
QAD	Wann haben Sie .... (Abgangsort) verlassen?	Ich habe .... (Abgangsort) um .... (Zeit) verlassen.
QAE	Haben Sie Nachricht von .... (Rufzeichen der Luftfunkstelle)?	Ich habe keine Nachricht von .... (Rufzeichen der Luftfunkstelle).
QAF	Wann haben Sie .... passiert?	Ich habe .... um .... (Zeit) passiert.
QAG		Fliegen Sie so, daß Sie um .... Zeit in .... (Ort) eintreffen. oder Ich fliege so, daß ich um .... Zeit in .... (Ort) eintreffe.
QAH	Wie ist Ihre Höhe?	Meine Höhe beträgt .... m.
QAI	Ist in meiner Nähe ein Luftfahrzeug gemeldet?	In Ihrer Nähe ist kein Luftfahrzeug gemeldet.

QAJ	Soll ich nach einem Luftfahrzeug in meiner Nähe forschen? oder Soll ich nach dem Luftfahrzeug in Ihrer Nähe forschen?	Forschen Sie nach einem anderen Luftfahrzeug . . . . in Ihrer Nähe.
QAK	Fliegt ein anderes Luftfahrzeug in meiner Nähe, so daß Zusammenstoßgefahr besteht? oder Fliegt das Luftfahrzeug . . . . in meiner Nähe, so daß Zusammenstoßgefahr besteht?	Achtung! Zusammenstoßgefahr mit einem (oder mehreren) Luftfahrzeugen in Ihrer Nähe. oder Achtung! Zusammenstoßgefahr mit dem Luftfahrzeug . . . . (oder den Luftfahrzeugen . . . .) in Ihrer Nähe.
QAL	Werden Sie in . . . . landen?	Ich werde in . . . . landen oder Landen Sie in . . . .
QAM	Können Sie mir den letzten Wetterbericht für . . . . (Beobachtungsort) geben?	Ich gebe Ihnen den letzten Wetterbericht für . . . . (Beobachtungsort).
QAN	Können Sie mir die letzte Bodenwindmeldung für . . . . (Beobachtungsort) geben?	Ich gebe Ihnen die letzte Bodenwindmeldung für . . . . (Beobachtungsort).
QAO	Können Sie mir die letzte Höhenwindmeldung für . . . . (Beobachtungsort) geben?	Ich gebe Ihnen die letzte Höhenwindmeldung für . . . . (Beobachtungsort).
QAP	Soll ich für Sie (oder für . . . .) auf . . . . kHz (oder auf . . . . m) hörbereit bleiben?	Bleiben Sie für mich (oder für . . . .) auf . . . . kHz (oder auf . . . . m) hörbereit.
QAR	Kann ich die Hörbereitschaft auf der Wachwelle für . . . . Minuten unterbrechen, um eine Eigenpeilung auszuführen oder eine „An Alle" gerichtete Wettermeldung aufzunehmen?	Sie können die Hörbereitschaft auf der Wachwelle für . . . . Minuten unterbrechen, um eine Eigenpeilung auszuführen oder eine „an Alle" gerichtete Wettermeldung aufzunehmen.
QAS		Start nach . . . . vorläufig nicht möglich, fragen Sie um . . . .(Uhr) wieder an.
QAT	Soll ich mit der Übermittlung fortfahren?	Gehen Sie auf Empfang, bevor Sie senden; Sie stören oder Gehen Sie auf Empfang, bevor Sie senden; Sie senden zu gleicher Zeit mit . . . .

QAU	Ist Start von .... nach .... jetzt frei oder Ist Start von .... nach .... um .... (Uhr) frei?	Start von .... nach .... jetzt frei oder Start von nach .... um .... (Uhr) frei.
QAW		Starterlaubnis wird zurückgezogen, warten Sie auf weitere Anweisung.
QAX	Haben Sie an Bord Ihres Luftfahrzeuges folgende Person, für die ich ein Telegramm habe?	Ja, an Bord meines Luftfahrzeuges befindet sich die Person, für die Sie ein Telegramm vorliegen haben.
QAZ	Fliegen Sie in einem Gewitter?	Ich fliege in einem Gewitter.
QBA	Wie groß ist die Horizontalsicht in .... (Ort)?	Die Horizontalsicht in .... (Ort) ist .... (Meter).
QBB	Wie hoch ist die geschlossene Wolkendecke über dem Boden in .... (Ort)?	Die geschlossene Wolkendecke in .... (Ort) ist .... (Meter).
QBC	Können Sie mir meteorologische Beobachtungswerte, die von Ihnen im Flugzeug festgestellt wurden, übermitteln?	Ich übermittele Ihnen die meteorologischen Beobachtungen, die von mir vom Flugzeug aus soeben gemacht sind.
QBE		Ich bin dabei, meine Antenne aufzuwinden.
QBF	Fliegen Sie in den Wolken?	Ich fliege in den Wolken in einer Höhe von ....
QBG	Fliegen Sie über den Wolken?	Ich fliege über den Wolken in einer Höhe von .... oder Fliegen Sie über den Wolken.
QBH	Fliegen Sie unter den Wolken?	Ich fliege unter den Wolken in einer Höhe von .... oder Fliegen Sie unter den Wolken.
QBI		Die Schlechtwettervorschriften sind in Kraft.
QBJ	Wie hoch ist die obere Wolkendecke?	Die obere Wolkendecke ist .... m.
QBM	Hat .... etwas für mich übermittelt?	Ich gebe Ihnen, was .... um .... (Zeit) für Sie übermittelt hat.

QBN		Ich fliege zwischen zwei Wolkendecken in einer Höhe von ....
QBT		Ihre Punkte setzen aus.
QBU	Sind Sie von der Richtigkeit des Telegramms überzeugt?	Das Telegramm .... ist zweifelhaft.
QBW	Haben Sie das Telegramm, das um .... (Zeit) abgegeben wurde, empfangen?	Das Telegramm, das um .... (Zeit) abgegeben wurde, habe ich nicht empfangen.
QCA		Sie verzögern den Verkehr durch Ihr langsames Antworten.
QCB		Sie verzögern den Verkehr, wenn Sie antworten, ohne an der Reihe zu sein.
QCG	Soll ich für Sie die Hörbereitschaft auf .... (kHz (oder .... m) übernehmen?	Übernehmen Sie für mich die Hörbereitschaft auf .... kHz (oder .... m).
QCM		Es scheint ein Fehler in Ihrer Aussendung vorzuliegen.
QCP		Ihr Ton ist schlecht.
QCS		Mein Empfang auf langen Wellen ist gestört.
QCT		Mein Empfang auf kurzen Wellen ist gestört.
QCY		Ich arbeite (oder arbeiten Sie) auf Schleppantenne.
QDB	Haben Sie das Telegramm an .... übermittelt?	Ich habe das Telegramm an .... nicht übermitteln können.
QDC		Das Telegramm ist über Draht befördert worden.
QDD		Das Telegramm ist durch .... zurückgewiesen worden, da es nicht den Vorschriften entspricht. Unterrichten Sie den Absender.
QDH	Woher rührt die augenblickliche Störung?	Die augenblickliche Störung rührt von .... her.
QDK		Antworten Sie in der alphabetischen Reihenfolge der Rufzeichen.

QDL	Haben Sie die Absicht, von mir eine Anzahl Peilungen anzufordern?	Ich habe die Absicht, von Ihnen eine Anzahl Peilungen anzufordern.
QDM	Welches ist der mißweisende Kurs, den ich bei Windstille einzuhalten hätte, um zu Ihnen oder nach .... zu gelangen?	Der mißweisende Kurs, den Sie bei Windstille einzuhalten hätten, um zu mir oder nach .... zu gelangen, ist .... (Grad) um .... (Uhr).
QDO	Können Sie die Funkstelle .... veranlassen, auf ihrer Arbeitswelle (oder auf der Welle ....) ihr Rufzeichen mit anschließendem Dauerstrich .... Minuten auszustrahlen, damit ich mit meinem Bordpeilgerät arbeiten kann?	Ich veranlasse die Funkstelle .... auf ihrer Arbeitswelle (oder auf der Welle ....) ihr Rufzeichen mit anschließendem Dauerstrich .... Minuten auszustrahlen, damit Sie mit Ihrem Bordpeilgerät arbeiten können.
QDR	Wie peilen Sie mich mißweisend oder wie peilt mich die Funkpeilstelle .... mißweisend?	Ich peile Sie mißweisend .... (Grad) um .... (Uhr) oder die Funkpeilstelle peilt Sie mißweisend .... (Grad) um .... (Uhr).
QDT	Fliegen Sie in guten Sichtverhältnissen (von mehr als 1000 m)?	Ich fliege in guten Sichtverhältnissen (von mehr als 1000 m) in einer Höhe von .... m über NN oder Ich fliege in guten Sichtverhältnissen.
QDV		Ich fliege bei einer Horizontalsicht von weniger als 100 m und in einer Höhe von .... m über dem Meeresspiegel.
QFA	Können Sie mir Streckenwetter von .... bis .... geben?	Ich gebe Ihnen Streckenwetter von .... bis ....
QFB	Werden neue Wetterbeobachtungen eingeholt?	Neue Wetterbeobachtungen werden eingeholt.
QFC	Können Sie mir Höhenwinde von .... bis .... geben?	Ich gebe Ihnen Höhenwinde von .... bis ....

QFD	Mein Höhenmesser ist in .... (Abflughafen) um .... (Startzeit unter Angabe genauer Zeitbasis GMT, MEZ usw.) eingestellt worden. Geben Sie mir die Höhenmesserkorrektur für .... (Name des Flughafens oder eines anderen Ortes, für den die Angabe der Höhe genau sein muß).		Es muß in .... (Flughafen oder ein anderer Ort, für den die Angabe genau sein muß) zur Höhenmesserablesung .... m hinzugefügt (abgezogen) werden.
QFE	Geben Sie mir den derzeitigen Luftdruck ohne Reduzierung auf den Meeresspiegel für den Flughafen .... an.		Der derzeitige Luftdruck ohne Reduzierung auf den Meeresspiegel beträgt auf dem Flughafen ....
QFF	Geben Sie mir den derzeitigen Barometerstand Ihres Flughafens bezogen auf NN (Meeresspiegel) in mm oder mb.		Der derzeitige Barometerstand des Flughafens .... bezogen auf NN (Meeresspiegel) ist .... mm oder mb.
QFG	Befinde ich mich über dem Flughafen?		Sie befinden sich über dem Flughafen.
QFH	Kann ich unter die Wolken heruntergehen?		Sie können unter die Wolken heruntergehen.
QFI			Ich bitte die Landefeuer in Betrieb zu setzen.
QFJ			Der Flughafen ist befeuert.
QFK	Ich bitte, Leuchtbomben zu schießen.		Ich werde Leuchtbomben schießen.
QFL	Ich bitte, Leuchtraketen zu schießen.		Ich werde Leuchtraketen schießen.
QFM	In welcher Höhe soll ich fliegen?		Fliegen Sie in .... m.
QFN			Holen Sie die Antenne nicht vor Beendigung des Verkehrs ein.
QFO	Kann ich sofort landen?		Sie können sofort landen.
QFP			Meine Kennlichter sind außer Betrieb.
QFQ			Die Landbefeuerung des Flughafens .... ist außer Betrieb.
QFR	Ist mein Fahrgestell beschädigt?		Ihr Fahrgestell ist beschädigt.
QFS	Setzen Sie das Funkfeuer in .... in Betrieb?		Das Funkfeuer in .... wird in .... Minuten in Betrieb genommen.

QFT	Zwischen welchen Höhen ist Vereisungsgefahr gemeldet oder in der Gegend von .... vorausgesagt?	Vereisungsgefahr ist zwischen .... und .... in Höhe über NN in der Gegend von ....
QFU	Können Sie mir die einzuhaltende mißweisende Landerichtung angeben?	Die Landeeinrichtung ist .... Grad mißweisend.
QFV	Können Sie mir angeben, in welcher Richtung die Landebahnfeuer (grün, weiß, rot) ausgestellt sind?	Die Landebahnfeuer (grün, weiß, rot) sind in Richtung .... ausgestellt.
QFW	Sind die Landebahnfeuer (grün, weiß, rot) ausgestellt?	Die Landebahnfeuer sind ausgestellt.
QFX		Ich arbeite (ich werde arbeiten) mit verringerter Antennenleistung. (Festantenne oder teilweise eingezogene Antenne). oder Arbeiten Sie mit verringerter Antennenleistung.
QFY	Wollen Sie mir die letzte Wettermeldung nach dem zwischenstaatlichen kleinen Schlüssel für .... (Beobachtungsort oder Kennziffer der Beobachtungsstelle) geben?	Ich gebe Ihnen die letzte Wettermeldung nach dem zwischenstaatlichen kleinen Schlüssel für (Beobachtungsort der Kennziffer der Beobachtungsstelle).
QFZ	Wollen Sie mir die Wettervorhersage für den Bezirk von .... (Beobachtungsort oder Kennziffer der Beobachtungsstelle) geben?	Ich gebe Ihnen die Wettervorhersage für den Bezirk von .... (Beobachtungsort oder Kennziffer der Beobachtungsstelle).
QGA	Kann ich unter Benützung des Landefunkfeuers sofort landen?	Sie können unter Benützung des Landefunkfeuers sofort landen.
QGB		Sie dürfen nicht unter Verwendung des Landefunkfeuers landen.
QGC	Können Sie meine Landung leiten?	Ich kann Ihre Landung nicht leiten. Bleiben Sie außerhalb der Landezone.
QGD	Befinden sich auf dem von mir gesteuerten Kurs Flughindernisse in größerer Höhe als ich fliege?	Auf dem von Ihnen gesteuerten Kurs befinden sich Flughindernisse mit .... m Höhe.

Code	Frage	Antwort
QGE	Welches ist mein Standort in bezug auf Ihre Funkstelle, ausgedrückt in rechtweisender Peilung und Entfernung?	Sie befinden sich .... km .... Grad rechtweisend von mir.
QGF	Können Sie meinen Standort und die Entfernung, bezogen auf Ihre Peilstelle oder bezogen auf ...., ermitteln, ausgedrückt durch den mißweisenden Kurs, den ich bei Windstille einzuhalten habe?	Ihr Standort, bezogen auf meine Peilstelle oder auf ...., ausgedrückt durch den bei Windstille einzuhaltenden Kurs, beträgt.... Grad mißweisend, und die Entfernung ist .... km.
QGH	Kann ich nach dem Durchstoßverfahren landen?	Sie können nach dem Durchstoßverfahren landen.
QGI		Sie dürfen nicht nach dem Durchstoßverfahren landen.
QGJ		Beschränken Sie Ihren Verkehr auf das Notwendigste, ich bin mit anderen Luftfahrzeugen beschäftigt.
QGK		Fliegen Sie so, daß Ihre rechtweisende Peilung in bezug auf .... (Ort) mit .... (Grad) unverändert bleibt, und fliegen Sie in einer Höhe von .... m. oder Ich fliege so, daß meine rechtweisende Peilung in bezug auf .... (Ort) mit .... (Grad) unverändert bleibt, und in einer Höhe von .... m.
QGL	Kann ich in den Nahverkehrsbezirk eintreten?	Sie können in den Nahverkehrsbezirk eintreten.
QGM		Sie können nicht in den Nahverkehrsbezirk eintreten. oder Entfernen Sie sich aus dem Nahverkehrsbezirk.
QGN	Kann ich in .... (Ort) landen?	Sie können in .... (Ort) landen.
QGO		Sie können in .... (Ort) nicht landen.
QGP	Wann bin ich an der Reihe, zu landen?	Sie sind als .... (Ordnungszahl) an der Reihe, zu landen.

QGQ		Warten Sie auf Anweisung und bleiben Sie in .... m Höhe in der Nähe von .... (Ort).
QGR	Kann ich ohne Linkskurve in .... (Ort) landen?	Sie können ohne Linkskurve in .... (Ort) landen.
QGS		Sie können ohne Linkskurve nicht landen.
QGT		Fliegen Sie .... Minuten auf mißweisendem Kurs, der dem von Ihnen zur Zeit eingeschlagenen entgegengesetzt ist.
QGU		Fliegen Sie .... Minuten mit mißweisendem Kurs von .... Grad.
QGV	Sehen Sie mich?	Ich sehe Sie im .... (Haupthimmelsrichtung).
QGX	Kann ich nach dem ZZ-Verfahren landen?	Sie können nach dem ZZ-Verfahren landen.
QGY		Sie dürfen nicht nach dem ZZ-Verfahren landen.

2. Q-Schlüssel/Abkürzungen im Seefunkdienst

Eingeleitet wird dieser Abschnitt mit einem Auszug aus der VO Funk (Anhang 14 A), der für den Seefunkdienst maßgebend ist.

Darauf folgt eine komplette Buchstabiertafel mit Ausspracheerklärung, sowohl für Buchstaben, als auch für Zahlen. Diese Buchstabiertafel ist identisch mit der im Flugfunk (ICAO) verwendeten Buchstabierung und infolgedessen auch identisch mit der im Amateurfunk gebrauchten Buchstabiertafel (ARRL adopted ICAO Spelling).

Danach folgen die kompletten Tabellen der Q-Schlüssel für den Seefunk. Obwohl sie in manchen Fällen identisch mit den Kürzeln, die im Amateurfunk verwendet werden, sind, wird es aus Gründen der Vollständigkeit für richtig gehalten, alle Abkürzungen wiederzugeben.

Am Schluß folgt noch eine Tabelle, die Abkürzungen verschiedener Art, die im Seefunk zugelassen sind, zeigt.

2.1 Anhang 14 A zur Vollzugsordnung für den Funkdienst (VO Funk)

Verschiedene Abkürzungen und Zeichen, die für den Funkverkehr im beweglichen Seefunkdienst zu benutzen sind.

(siehe Artikel 63, 65 und 39 der VO Funk, Genf 1979)

Abschnitt I

Q-Schlüssel

Einleitung

1. Die in diesem Anhang aufgeführten Reihen von Gruppen reichen von QOA bis QUY.

2. Die Reihen QOA bis QQZ sind dem beweglichen Seefunkdienst vorbehalten.

3. Bestimmten Abkürzungen des Q-Schlüssels kann ein bejahender oder verneinender Sinn gegeben werden, indem unmittelbar nach der Abkürzung der Buchstabe C oder die Buchstaben NO (im Sprechfunk das Schlüsselwort CHARLIE oder das Wort NO) übermittelt werden. Neuerdings wird statt C das Wort Yes verwendet.

4. Die Bedeutung der Abkürzungen des Q-Schlüssels kann durch Hinzufügen geeigneter anderer Abkürzungen, geeigneter Rufzeichen, Ortsnamen, Ziffern, Nummern usw. erweitert oder ergänzt werden. Es ist freigestellt, die freien Räume in den Klammern auszufüllen. Diese Angaben müssen in der Reihenfolge übermittelt werden, wie sie im Text der nachstehenden Listen enthalten sind.

5. Die Abkürzungen des Q-Schlüssels werden zu Fragen, wenn ihnen im Telegrafiefunk ein Fragezeichen und im Sprechfunk RQ (ROMEO QUEBEC) folgt. Wenn einer Abkürzung, die als Frage gebraucht wird, ergänzende Angaben folgen, soll das Fragezeichen (oder RQ) hinter diesen Angaben stehen.

6. Den Abkürzungen des Q-Schlüssels, die mehrere numerierte Bedeutungen haben, folgt die entsprechende Nummer, welche die gewählte Bedeutung genau angibt. Diese Nummer wird unmittelbar nach der Abkürzung übermittelt.

7. Die Uhrzeiten werden in Universal Time Co-ordinated (UTC) gegeben, wenn in den Fragen oder Antworten nichts Gegenteiliges angegeben ist.

8. Ein *, das hinter einer Abkürzung des Q-Schlüssels steht, bedeutet, daß diese Abkürzung die gleiche Bedeutung hat wie eine Gruppe des Internationalen Signalbuchs.

2.2 Buchstabiertafeln

Buchstabe	Schlüsselwort	Aussprache des Schlüsselwortes. Die betonten Silben sind fett gedruckt.
A	Alfa	**AL** FAH
B	Bravo	**BRA** WO
C	Charlie	**TSCHAH** LI
D	Delta	**DEL** TAH
E	Echo	**ECK** O
F	Foxtrot	**FOX** TROTT

G	Golf	GOLF
H	Hotel	HO **TELL**
I	India	**IN** DI AH
J	Juliett	**JUH** LI **ETT**
K	Kilo	**KI** LO
L	Lima	**LI** MAH
M	Mike	MEIK
N	November	NO **WEMM** BER
O	Oscar	**OSS** KAR
P	Papa	PA **PAH**
Q	Quebec	**KI** BECK
R	Romeo	**RO** MIO
S	Sierra	SSI **ER** RAH
T	Tango	**TANG** GO
U	Uniform	**JU** NI FORM
V	Victor	**WICK** TAR
W	Whiskey	**WISS** KI
X	X-ray	**EX** REH
Y	Yankee	**JENG** KI
Z	Zulu	**SUH** LUH

Ziffer und Zeichen	Schlüsselwort	Aussprache des Schlüsselwortes
0	NADAZERO	NAH-DAH-SEH-RO
1	UNAONE	UH-NAH-WANN
2	BISSOTWO	BIS-SO-TUH
3	TERRATHREE	TER-RA-TRIH
4	KARTEFOUR	KAR-TE-FAUR
5	PANTAFIVE	PANN-TA-FAIF
6	SOXISIX	SSOCK-SSI-SSIX
7	SETTESEVEN	SSET-TEH-SSÄWN
8	OKTOEIGHT	OCK-TO-ÄIT
9	NOVENINE	NO-WEH-NAINER
Komma/Dezimalzeichen	DECIMAL	DEH-SSI-MAL
Punkt	STOP	SSTOPP

2.3 Abkürzungen für den beweglichen Seefunkdienst

QOA	Können Sie mittels Telegrafiefunk verkehren (500 kHz)?	Ich kann mittels Telegrafiefunk verkehren (500 kHz).
QOB	Können Sie mittels Sprechfunk verkehren (2182 kHz)?	Ich kann mittels Sprechfunk verkehren (2182 kHz).

QOC	Können Sie mittels Sprechfunk verkehren (Sprechweg 16 – Frequenz 156,80 MHz)?	Ich kann mittels Sprechfunk verkehren (Sprechweg 16 – Frequenz 156,80 MHz).
QOD	Können Sie mit mir verkehren in . . . . 0. Niederländisch 1. Englisch 2. Französisch 3. Deutsch 4. Griechisch 5. Italienisch 6. Japanisch 7. Norwegisch 8. Russisch 9. Spanisch	Ich kann mit Ihnen verkehren in . . . . 0. Niederländisch 1. Englisch 2. Französisch 3. Deutsch 4. Griechisch 5. Italienisch 6. Japanisch 7. Norwegisch 8. Russisch 9. Spanisch
QOE	Haben Sie das Sicherheitszeichen von . . . . (Name und/ oder Rufzeichen) empfangen?	Ich habe das Sicherheitszeichen von . . . . (Name und/ oder Rufzeichen) empfangen.
QOF	Wie ist die Betriebsgüte meiner Zeichen?	Die Güte Ihrer Zeichen ist . . . . 1. nicht brauchbar 2. noch brauchbar 3. voll brauchbar
QOG	Wieviel Streifen haben Sie zu übermitteln?	Ich habe . . . . Streifen zu übermitteln.
QOH	Soll ich . . . . Sekunden lang ein Signal für das Einphasen aussenden?	Senden Sie . . . . Sekunden lang ein Signal für das Einphasen.
QOI	Soll ich meinen Streifen übermitteln?	Übermitteln Sie Ihren Streifen.
QOJ	Werden Sie auf . . . . kHz (oder MHz) auf Zeichen von Funkbojen zur Kennzeichnung der Seenotposition achten?	Ich achte auf . . . . kHz (oder MHz) auf Zeichen von Funkbojen auf Kennzeichnung der Seenotposition.
QOK	Haben Sie die Zeichen einer Funkboje zur Kennzeichnung der Seenotposition auf . . . . kHz (oder MHz) empfangen?	Ich habe die Zeichen einer Funkboje zur Kennzeichnung der Seenotposition auf . . . . kHz (oder MHz) empfangen.
QRA	Wie ist der Name Ihres Schiffes (oder Ihrer Funkstelle)?	Der Name meines Schiffes (oder meiner Funkstelle) ist . . . .
QRB	In welcher Entfernung von meiner Funkstelle befinden Sie sich ungefähr?	Die Entfernung zwischen unserer Funkstelle beträgt ungefähr . . . . Seemeilen (oder Kilometer).

QRC	Von welcher privaten Betriebsgesellschaft (oder Staatsverwaltung) werden die Gebührenrechnungen Ihrer Funkstelle beglichen.	Die Gebührenrechnungen meiner Funkstelle werden von der privaten Betriebsgesellschaft.... (oder von der Staatsverwaltung ....) beglichen.
QRD	Wohin fahren Sie und woher kommen Sie?	Ich fahre nach .... und komme von ....
QRE	Wann werden Sie voraussichtlich in .... (oder über ....) (Ort) ankommen?	Ich werde voraussichtlich um .... Uhr in .... (oder über ....) (Ort) ankommen.
QRF	Kehren Sie zurück nach .... (Ort)?	Ich kehre zurück nach .... (ort). oder Kehren Sie zurück nach ....(ort).
QRG	Wollen Sie mir meine genaue Frequenz (oder die genaue Frequenz von ....) mitteilen?	Ihre genaue Frequenz (oder die genaue Frequenz von ....) ist .... kHz (oder MHz).
QRH	Schwankt meine Frequenz?	Ihre Frequenz schwankt.
QRI	Wie ist der Ton meiner Aussendung?	Der Ton Ihrer Aussendung ist .... 1. gut 2. veränderlich 3. schlecht
QRK	Wieviel Funkgesprächsanmeldungen haben Sie vorliegen?	Ich habe .... Funkgesprächsanmeldungen vorliegen.
QRK	Wie ist die Verständlichkeit meiner Übermittlung (oder der Übermittlung von .... (Name und/oder Rufzeichen)?	Die Verständlichkeit Ihrer Übermittlung (oder der Übermittlung von (Name und/oder Rufzeichen) ist .... 1. schlecht 2. mangelhaft 3. ausreichend 4. gut 5. ausgezeichnet
QRL	Sind Sie beschäftigt?	Ich bin beschäftigt (oder ich bin mit .... Name und/ oder Rufzeichen) beschäftigt). Bitte nicht stören.

QRM	Wird meine Aussendung gestört?	Ihre Aussendung wird gestört. Ihre Aussendung wird . . . . 1. nicht 2. schwach 3. mäßig 4. stark 5. sehr stark gestört.
QRN	Werden Sie durch atmosphärische Störungen beeinträchtigt?	Ich werde durch atmosphärische Störungen beeinträchtigt. Ich werde . . . . 1. nicht 2. schwach 3. mäßig 4. stark 5. sehr stark durch atmosphärische Störungen beeinträchtigt.
QRO	Soll ich die Sendeleistung erhöhen?	Erhöhen Sie die Sendeleistung.
QRP	Soll ich die Sendeleistung vermindern?	Vermindern Sie die Sendeleistung.
QRQ	Soll ich schneller geben?	Geben Sie schneller (. . . . Wörter in der Minute).
QRR	Sind Sie bereit, automatische Geräte zu verwenden?	Ich bin bereit, automatische Geräte zu verwenden. Senden Sie mit einer Geschwindigkeit von . . . Wörtern in der Minute.
QRS	Soll ich langsamer geben?	Geben Sie langsamer (. . . . Wörter in der Minute).
QRT	Soll ich die Übermittlung einstellen?	Stellen Sie die Übermittlung ein.
QRU	Haben Sie etwas für mich?	Ich habe nichts für Sie.
QRV	Sind Sie bereit?	Ich bin bereit.
QRW	Soll ich . . . . benachrichtigen, daß Sie ihn auf . . . . kHz (oder MHz) rufen?	Benachrichtigen Sie bitte . . . ., daß ich ihn auf kHz (oder MHz) rufe.
QRX	Wann werden Sie mich wieder rufen?	Ich werde Sie um . . . . Uhr auf kHz (oder MHz) wieder rufen.

QRY	Wann bin ich an der Reihe? (Bezieht sich auf den Funkverkehr)?	Sie haben die Nummer . . . . (oder jede andere Angabe). (Bezieht sich auf den Funkverkehr).
QRZ	Von wem werde ich gerufen?	Sie werden von . . . . (auf . . . . kHz (oder MHz) gerufen.
QSA	Wie ist die Stärke meiner Zeichen (oder der Zeichen von . . . . (Name und/ oder Rufzeichen)?	Ihre Zeichen (oder die Zeichen von . . . . (Name und/ oder Rufzeichen) sind 1. kaum 2. schwach 3. ziemlich gut 4. gut 5. sehr gut hörbar.
QSB	Schwankt die Stärke meiner Zeichen?	Die Stärke Ihrer Zeichen schwankt.
QSC	Sind Sie eine Seefunkstelle mit geringem Verkehr?	Ich bin eine Seefunkstelle mit geringem Verkehr.
QSD	Sind meine Zeichen verstümmelt?	Ihre Zeichen sind verstümmelt.
QSE	Welches ist die geschätzte Abtrift des Rettungsgeräts?	Die geschätzte Abtrift des Rettungsgeräts ist . . . . (Zahlen und Einheiten).
QSF	Haben Sie die Rettung durchgeführt?	Ich habe die Rettung durchgeführt und steuere den Hafen/ die Basis . . . . (mit . . . . Verletzten, die Ambulanz benötigen) an.
QSG	Soll ich . . . . Telegramme in Reihe übermitteln?	Übermitteln Sie . . . . Telegramme in Reihe.
QSH	Können Sie mit Ihrem Peilfunkgerät Zielfahrt/ Zielflug machen?	Ich kann mit einem Peilfunkgerät Zielfahrt/ Zielflug machen (die Funkstelle von . . . . (Name und/ oder Rufzeichen) in Zielfahrt/ Zielflug erreichen).
QSI		Es war mir unmöglich, Ihre Übermittlung zu unterbrechen. oder Wollen Sie . . . . (Name und/ oder Rufzeichen) mitteilen, daß es mir unmöglich war, seine Übermittlung (auf . . . . kHz [oder MHz]) zu unterbrechen

QSJ	Wie hoch ist die Gebühr nach .... einschließlich Ihrer Inlandsgebühr?	Die Gebühr nach .... beträgt Franken einschließlich meiner Inlandsgebühr.
QSK	Können Sie mich zwischen Ihren Zeichen hören? Wenn ja, darf ich Sie während Ihrer Übermittlung unterbrechen?	Ich kann Sie zwischen meinen Zeichen hören; Sie dürfen mich während meiner Übermittlung unterbrechen.
QSL	Können Sie mir Empfangsbestätigung geben?	Ich gebe Ihnen Empfangsbestätigung.
QSM	Soll ich das letzte Telegramm (oder ein früheres Telegramm), das ich Ihnen übermittelt habe, wiederholen?	Wiederholen Sie das letzte Telegramm (oder das (die) Telegramme (e) Nr (n) ....), das (die) Sie mir übermittelt haben,
QSN	Haben Sie mich (oder haben Sie (Name und/ oder Rufzeichen) auf .... kHz (oder MHz) gehört?	Ich habe Sie (oder ich habe .... [Name und/ oder Rufzeichen]) auf .... kHz (oder MHz) gehört.
QSO	Können Sie mit .... (Name und/ oder Rufzeichen) unmittelbar (oder durch Vermittlung) verkehren?	Ich kann mit .... (Namen und/ oder Rufzeichen) unmittelbar (oder durch Vermittlung von ....) verkehren.
QSP	Wollen Sie an .... (Name und/ oder Rufzeichen) gebührenfrei vermitteln?	Ich werde an .... (Namen und/ oder Rufzeichen) gebührenfrei vermitteln.
QSQ	Haben Sie einen Arzt (oder .... [Name einer Person]) an Bord?	Ich habe einen Arzt (oder .... [Name einer Person]) an Bord.
QSR	Soll ich den Anruf auf der Anruffrequenz wiederholen?	Wiederholen Sie den Anruf auf der Anruffrequenz. Ich habe Sie nicht gehört (oder ich wurde gestört).
QSS	Welche Arbeitsfrequenz werden Sie benutzen!	Ich werde die Arbeitsfrequenz .... kHz (oder MHz) benutzen (Im Kurzwellenbereich genügt im allgemeinen die Angabe der drei letzten Ziffern der Frequenz).
QSU	Soll ich auf der augenblicklich benutzen Frequenz (oder auf .... kHz [oder MHz]) (mit Sendeart ....) senden oder antworten?	Senden oder antworten Sie auf der augenblicklich benutzten Frequenz (oder auf .... kHz [oder MHz]) (mit Sendeart ....).

QSV	Soll ich eine Reihe V (oder Zeichen) zum Abstimmen auf dieser Frequenz (oder auf .... kHz [oder MHz]) senden?	Senden Sie eine Reihe V (oder Zeichen) zum Abstimmen auf dieser Frequenz (oder auf .... kHz [oder MHz]).
QSW	Wollen Sie auf der augenblicklich benutzten Frequenz (oder auf .... kHz [oder MHz]) (mit Sendeart ....) senden?	Ich werde auf der augenblicklich benutzten Frequenz (oder auf .... kHz [oder MHz]) (mit Sendeart ....) senden.
QSX	Wollen Sie .... (Name und/ oder Rufzeichen) auf .... kHz (oder MHz) hören?	Ich höre .... (Name und/ oder Rufzeichen) auf .... kHz (oder MHz).
QSY	Soll ich zum Senden auf eine andere Frequenz übergehen?	Gehen Sie zum Senden auf eine andere Frequenz über (oder auf .... kHz [oder MHz]).
QSZ	Soll ich jedes Wort oder jede Gruppe mehrmals geben?	Geben Sie jedes Wort oder jede Gruppe zweimal (oder .... mal).
QTA	Soll ich das Telegramm (oder die Nachricht) Nr. .... streichen?	Streichen Sie das Telegramm (oder die Nachricht Nr. .... .
QTB	Sind Sie mit meiner Wortzählung einverstanden?	Ich bin mit Ihrer Wortzählung nicht einverstanden. Ich werde den ersten Buchstaben jedes Wortes und die erste Ziffer jeder Zahl wiederholen.
QTC	Wieviel Telegramme haben Sie?	Ich habe .... Telegramme für Sie (oder für .... [Name und/ oder Rufzeichen]).
QTD	Was hat das Rettungs-Seefahrzeug oder -Luftfahrzeug geborgen?	.... (Kennzeichnung) hat geborgen .... 1. .... (Zahl) Überlebende 2. Wrackteile 3. .... (Zahl) Leichen
QTE	Wie peilen Sie mich rechtweisend? oder Wie peilt mich .... (Name und/ oder Rufzeichen) rechtweisend? oder Wie wird .... (Name und/ oder Rufzeichen) von .... (Name und/ oder Rufzeichen) rechtweisend gepeilt?	Ich peilte Sie rechtweisend .... Grad um .... Uhr. oder .... (Name und/ oder Rufzeichen) peilte Sie rechtweisend .... Grad um .... Uhr. oder .... (Name und/ oder Rufzeichen) wurde von .... (Name und/ oder Rufzeichen) rechtweisend .... Grad um .... Uhr gepeilt.

QTF	Wollen Sie mir meinen Standort angeben aufgrund der Peilungen der Peilfunkstellen Ihrer Gruppe?	Nach den Peilungen der Peilfunkstellen meiner Gruppe war Ihr Standort . . . . Breite, ... Länge (oder eine andere Angabe des Standortes). Klasse . . . . um . . . . Uhr.
QTG	Wollen Sie zwei Striche von je zehn Sekunden Dauer (oder den Träger während zweimal zehn Sekunden) und danach Ihr Rufzeichen (oder Ihren Namen) (. . . . mal wiederholt) auf . . . . kHz (oder MHz) senden? oder Wollen Sie . . . . (Name und/oder Rufzeichen) auffordern, zwei Striche von je zehn Sekunden Dauer (oder den Träger während zweimal zehn Sekunden) und danach sein Rufzeichen (und/oder seinen Namen) (. . . . mal wiederholt) auf . . . . kHz (oder MHz) zu senden?	Ich werde zwei Striche von je zehn Sekunden Dauer (oder den Träger während zweimal zehn Sekunden) und danach mein Rufzeichen (oder meinen Namen) (. . . . mal wiederholt) auf . . . . kHz (oder MHz) senden. oder Ich habe . . . . (Name und/oder Rufzeichen) aufgefordert, zwei Striche von je 10 Sekunden Dauer (oder den Träger während zweimal zehn Sekunden) und danach sein Rufzeichen (und/oder seinen Namen) (. . . . mal wiederholt) auf . . . . kHz (oder MHz) zu senden.
QTH	Welches ist Ihr Standort nach Breite und Länge (oder nach anderer Angabe)?	Mein Standort ist . . . . Breite, ... Länge (oder nach anderer Angabe).
QTI	Welches ist Ihr wahrer Kurs? (Kurs über Grund)	Mein wahrer Kurs (Kurs über Grund) ist . . . . Grad.
QTJ	Welche Geschwindigkeit haben Sie? (Fragt nach der Geschwindigkeit des See- oder Luftfahrzeugs das Wasser oder die Luft)	Meine Geschwindigkeit ist . . . . Knoten (oder . . . . Kilometer in der Stunde oder . . . . Landmeilen in der Stunde). (Gibt die Geschwindigkeit des See- oder Luftfahrzeugs durch das Wasser oder die Luft an)
QTK	Welche Geschwindigkeit hat Ihr Luftfahrzeug über Grund?	Mein Luftfahrzeug hat eine Geschwindigkeit über Grund von . . . . Knoten (oder . . . . Kilometern in der Stunde oder . . . . Landmeilen in der Stunde).
QTL	Welches ist Ihr rechtweisender Kurs? Kurs durch das Wasser)	Mein rechtweisender Kurs (Kurs durch das Wasser) ist . . . . Grad.

QTM	Welches ist Ihr mißweisender Kurs? (Kurs durch das Wasser)	Mein mißweisender Kurs (Kurs durch das Wasser) ist .... Grad.
QTN	Um wieviel Uhr haben Sie .... (Ort) verlassen?	Ich habe .... (Ort) um .... Uhr verlassen.
QTO	Sind Sie aus dem Hafenbecken (oder aus dem Hafen) ausgelaufen? oder Sind Sie gestartet?	Ich bin aus dem Hafenbecken (oder aus dem Hafen) ausgelaufen. oder Ich bin gestartet.
QTP	Sind Sie im Begriff, in das Hafenbecken (oder in den Hafen) einzulaufen? oder Sind Sie im Begriff, zu wassern (oder zu landen)?	Ich bin im Begriff, in das Hafenbecken (oder in den Hafen) einzulaufen. oder Ich bin im Begriff, zu wassern (oder zu landen).
QTQ	Können Sie mit meiner Funkstelle unter Benutzung des Internationalen Signalbuchs (INTERCO) verkehren?	Ich werde mit Ihrer Funkstelle unter Benutzung des Internationalen Signalbuchs (INTERCO) ververkehren.
QTR	Welches ist die genaue Uhrzeit?	Es ist genau .... Uhr.
QTS	Wollen Sie Ihr Rufzeichen (und/oder Ihren Namen) .... Sekunden lang senden?	Ich sende mein Rufzeichen (und/oder meinen Namen) .... Sekunden lang.
QTT		Die nachfolgende Kennung ist einer anderen Aussendung überlagert.
QTU	Wann ist Ihre Funkstelle geöffnet?	Meine Funkstelle ist von .... bis .... Uhr geöffnet.
QTV	Soll ich an Ihrer Stelle die Hörbereitschaft auf Frequenz .... kHz (oder MHz) (von .... bis .... Uhr) übernehmen?	Übernehmen Sie an meiner Stelle (von .... bis .... Uhr) die Hörbereitschaft auf Frequenz .... kHz (oder MHz).
QTW	In welchem Zustand befinden sich die Überlebenden?	Die Überlebenden befinden sich in .... Zustand und benötigen dringend ....
QTX	Wollen Sie Ihre Funkstelle für den Verkehr mit mir bis auf weitere Nachricht von mir (oder bis .... Uhr) geöffnet lassen?	Meine Funkstelle bleibt für den Verkehr mit Ihnen bis auf weitere Nachricht von Ihnen (oder bis .... Uhr) geöffnet.
QTY	Steuern Sie den Unfallort an und wenn ja, wann werden Sie voraussichtlich ankommen?	Ich steuere den Unfallort an und werde voraussichtlich um .... Uhr (.... Datum) ankommen.

QTZ	Setzen Sie die Suche fort?	Ich setze die Suche nach . . . . (Luftfahrzeug, Seefahrzeug, Rettungsgerät, Überlebenden, Wrackteilen) fort.
QUA	Haben Sie Nachrichten von . . . . (Name und/oder Rufzeichen)?	Hier sind Nachrichten von . . . . (Namen und/oder Rufzeichen).
QUB	Können Sie mir der Reihe nach Auskünfte geben über: die rechtweisende Richtung in Graden und die Geschwindigkeit des Bodenwindes; die Sicht; das Wetter, den Umfang und die Art der Wolken sowie die Höhe der Wolkenuntergrenze über . . . . (Beobachtungswort)?	Hier sind die erbetenen Auskünfte . . . . (Die für die Geschwindigkeit und Entfernungen benutzten Einheiten sollen genau angegeben werden).
QUC	Welches ist die Nummer (oder andere Bezeichnung der letzten Nachricht, die Sie von mir (oder von . . . . [Name und/oder Rufzeichen]) erhalten haben?	Die Nummer (oder andere Bezeichnung) der letzten Nachricht, die ich von Ihnen (oder von . . . . [Name und/oder Rufzeichen]) erhalten habe, ist . . . .
QUD	Haben Sie das Dringlichkeitszeichen von . . . . (Name und/oder Rufzeichen) empfangen?	Ich habe das Dringlichkeitszeichen von (Name und/oder Rufzeichen) um . . . . Uhr empfangen.
QUE	Können Sie sich in (Sprache), nötigenfalls mit Hilfe eines Dolmetschers, unterhalten; wenn ja, auf welchen Frequenzen?	Ich kann mich in . . . . (Sprache) auf . . . . kHz (oder MHz) unterhalten.
QUF	Haben Sie das Notzeichen von . . . . (Name und/oder Rufzeichen) empfangen?	Ich habe das Notzeichen von . . . . (Name und/oder Rufzeichen) um . . . . Uhr empfangen.
QUH	Wollen Sie mir den augenblicklichen Luftdruck, auf Meereshöhe bezogen, angeben?	Der augenblickliche Luftdruck, auf Meereshöhe bezogen, ist . . . . (Einheiten).
QUM	Kann ich die normale Arbeit wieder aufnehmen?	Die normale Arbeit kann wieder aufgenommen werden.
QUN	1. Wenn an alle Funkstellen gerichtet: Können die Schiffe in meiner unmittelbaren Nähe oder (in der Nähe von . . . . Breite, ... Länge)	Mein Standort, mein rechtweisender Kurs (Kurs durch das Wasser) und meine Geschwindigkeit sind . . . .

oder
(in der Nähe von ....) mir ihren Standort, ihren rechtweisenden Kurs (Kurs durch das Wasser) und ihre Geschwindigkeit angeben?

2. Wenn an eine einzelne Funkstelle gerichtet: Geben Sie Ihren Standort, Ihren rechtweisenden Kurs (Kurs durch das Wasser) und Ihre Geschwindigkeit an?

QUO Soll ich in der Nähe von .... Breite, ... Länge (oder nach anderer Angabe) nach ....
1. einem Luftfahrzeug
2. einem Seefahrzeug
3. einem Rettungsgerät
suchen?

Suchen Sie in der Nähe von .... Breite, ... Länge (oder nach anderer Angabe) nach ....
1. einem Luftfahrzeug
2. einem Seefahrzeug
3. einem Rettungsgerät.

QUP Wollen Sie Ihren Standort angeben durch ....
1. Scheinwerfer
2. schwarzen Rauch
3. Feuerwerkskörper?

Mein Standort wird angegeben durch ....
1. Scheinwerfer
2. schwarzen Rauch
3. Feuerwerkskörper.

QUR 1. Haben die Überlebenden die Rettungsausrüstung erhalten?
2. Sind die Überlebenden von einem Rettungsfahrzeug aufgenommen worden?
3. Sind die Überlebenden von der Boden-Rettungsmannschaft erreicht worden?

Die Überlebenden ....
1. haben die Rettungsausrüstung erhalten, die von .... ausgeworfen worden ist;
2. sind von einem Rettungsfahrzeug aufgenommen worden;
3. sind von der Boden-Rettungsmannschaft erreicht worden.

QUS Haben Sie Überlebende oder Trümmer gesichtet? Wenn ja, an welchem Ort?

Ich habe ....
1. Überlebende im Wasser
2. Überlebende auf Flößen/Booten
3. Trümmer oder Wrackteile auf .... Breite, ... Länge (oder nach anderer Angabe) gesichtet.

QUT	Ist die Unfallstelle markiert?	Die Unfallstelle ist markiert durch . . . . 1. Flammen- oder Rauchsignal 2. schwimmende Zeichen 3. gefärbtes Wasser 4. . . . . (Angabe einer anderen Markierung).
QUU	Soll ich das See- und Luftfahrzeug auf meine Position leiten?	Leiten Sie das See- oder Luftfahrzeug . . . . (Name und/oder Rufzeichen) 1. auf Ihre Position, indem Sie Ihr Rufzeichen und lange Striche auf . . . . kHz (oder MHz) senden; 2. indem Sie auf . . . . kHz (oder MHz) den wahren Kurs (Kurs über Grund übermitteln, auf dem Sie zu erreichen sind.
QUW	Befinden Sie sich im Suchgebiet . . . . (Benennung oder Breite und Länge)?	Ich befinde mich im Suchgebiet . . . . (Bezeichnung).
QUY	Ist die Position des Rettungsgeräts markiert?	Die Position des Rettungsgeräts ist um . . . . Uhr markiert worden durch . . . . 1. Flammen- oder Rauchsignal 2. schwimmendes Zeichen 3. gefärbtes Wasser 4. . . . . (Angabe einer anderen Markierung).

2.4 Verschiedene Abkürzungen und Zeichen

AA   Alles nach . . . . (wird nach einem Fragezeichen im Telegrafiefunk oder nach RQ im Sprechfunk (bei Sprachschwierigkeiten) oder RPT benutzt, um eine Wiederholung anzufordern).

AB   Alles vor . . . . (wird nach einem Fragezeichen im Telegrafiefunk oder nach RQ im Sprechfunk (bei Sprachschwierigkeiten) oder nach RPT benutzt, um eine Wiederholung anzufordern).

ADS   Anschrift (wird nach einem Fragezeichen im Telegrafiefunk oder nach RQ im Sprechfunk (bei Sprachschwierigkeiten) oder nach RPT benutzt, um eine Wiederholung anzufordern).

AR	Ende der Übermittlung.
AS	Warten.
BK	Zeichen, um eine im Gange befindliche Übermittlung zu unterbrechen.
BN	Alles zwischen . . . . und . . . . (wird nach einem Fragezeichen im Telegrafiefunk oder nach RQ im Sprechfunk (bei Sprachschwierigkeiten) oder nach RPT benutzt, um eine Wiederholung anzufordern).
BQ	Antwort auf RQ.
BT	Trennungszeichen zwischen den verschiedenen Teilen ein und derselben Übermittlung.
C	Ja (bejahende Antwort), oder: Die vorangehende Gruppe muß als Bejahung verstanden werden.
CFM	Bestätigen Sie (oder: ich bestätige).
CL	Ich schließe meine Funkstelle.
COL	Vergleichen Sie (oder: Ich vergleiche).
CORRECTION	Streichen Sie mein letztes Wort oder meine letzte Gruppe; die Berichtigung folgt (wird im Sprechfunk benutzt und wie KOR-REK-TSCHEN ausgesprochen).
CP	Allgemeiner Anruf an mehrere bestimmte Funkstellen.
CQ	Allgemeiner Anruf an alle Funkstellen.
CS	Rufzeichen (wird benutzt, um ein Rufzeichen zu erfragen).
DE	Von (wird vor dem Namen oder jeder anderen Kennzeichnung der rufenden Funkstelle benutzt).
DF	Ihre Peilung um . . . . Uhr betrug . . . . Grad im meßunsicheren Abschnitt dieser Funkstelle, mit einer möglichen Abweichung von . . . . Grad.
DO	Peilung unzuverlässig. Fordern Sie Peilung später (oder um . . . . Uhr) an.
E	Ost (Kompaßhauptstrich).
ETA	Voraussichtliche Ankunftszeit.
INTERCO	Es folgen Gruppen aus dem Internationalen Signalbuch (wird im Sprechfunk benutzt und wie IN-TER-KO ausgesprochen).
K	Aufforderung zur Übermittlung.
KA	Zeichen für den Beginn der Übermittlung.
KTS	Seemeilen in der Stunde (Knoten).
MIN	Minute (oder Minuten).

MSG	Vorsetzzeichen als Ankündigung einer Nachricht an einen Schiffsführer oder von einem Schiffsführer über den Betrieb oder die Fahrt des Schiffes.
N	Nord (Kompaßhauptstrich).
NIL	Ich habe für Sie nichts vorliegen.
NO	Nein (Verneinung).
NW	Jetzt.
NX	Nachricht für Seefahrer (oder: Nachricht für Seefahrer folgt).
OK	Wir sind einverstanden (oder: Das ist richtig).
OL	Ozeanbrief.
P	Vorsetzzeichen als Ankündigung eines privaten Funktelegramms.
PBL	Kopf des Telegramms (wird nach einem Fragezeichen im Telegrafiefunk oder nach RQ im Sprechfunk (bei Sprachschwierigkeiten) oder nach RPT benutzt, um eine Wiederholung anzufordern).
PSE	Bitte.
R	Erhalten.
REF	Bezug auf . . . . (oder: Beziehen Sie sich auf . . . .).
RPT	Wiederholen Sie (oder: Ich wiederhole) (oder: Wiederholen Sie . . . .)
RQ	Bezeichnung einer Anfrage.
S	Süd (Kompaßhauptstrich).
SIG	Unterschrift (wird nach einem Fragezeichen im Telegrafiefunk oder nach RQ im Sprechfunk (bei Sprachschwierigkeiten) oder nach RPT benutzt, um eine Wiederholung anzufordern).
SLT	Schiffsbrieftelegramm.
SVC	Vorsetzzeichen als Ankündigung eines Diensttelegramms.
SYS	Beziehen Sie sich auf Ihr Diensttelegramm.
TFC	Verkehr.
TR	Wird von einer ortsfesten Funkstelle zum Erfragen des Standortes und des nächsten Anlaufhafens eines Schiffes benutzt, das die bewegliche Funkstelle trägt; wird auch als Ankündigung der Antwort auf diese Frage benutzt.
TU	Ich danke Ihnen.
YES	Ja (Bejahung in Verbindung mit einer Q-Gruppen-Frage).

Autor: Otto A. Wiesner, DJ5QK

Abkürzungen für den Verkehr mit englischsprachigen, besonders jedoch US-amerikanischen Amateuren.

(Zusammengestellt von der US Amateurfunkzeitschrift CQ)

Abbreviation	ABVTN	Bad	BD
Able	ABL	Battery	BTRI
About	ABT	Be	B
Accept	ACPT	Beacon	BCN
Accessory	ACCY	Beat Frequency	
Account	ACNT	Oscillator	BFO
Achieve	ACHV	Become	BCUM
Address	ADR	Been	BN
Advance	ADVNC	Before	B4
Advise	ADVZ	Begin	BGN
Africa	AFR	Believe	BLV
Afternoon	AFTRNN	Beneath	BNTH
Again	AGN	Benefit	BNFT
Against	AGNST	Be Seeing You	BCNU
Agreed	AGRD	Best	BST
Ahead	AHD	Best Regards	73
Aircraft	ACFT	Better	BTR
All After	AG	Black	BLK
All Before	AB	Blow	BLO
Along	ALNG	Blue	BLU
Among	AMG	Book	BUK
Amount	AMT	Both	BTH
Amplitude Modulation	AM	Bother	BTHR
And	ES	Bought	BOT
Answer	ANSR	Boulevard	BLVD
Antenna	ANT	Bound	BND
Any	ANI	Break	BT
April	APR	Breakfast	BKFST
Appreciate	APP	Breeze	BRZ
Are	R	Brief	BRF
Around	ARND	Brilliant	BRLNT
As Soon As Possible	ASAP	Bring	BRNG
Attention	KA	Broadcast	BDCST
August	AUG	Broadcast Listener	BCL
Avenue	AVE	Broken	BRKN
Average	AVG	Brother	BRTHR
Backward	BKWD	Brought	BROT

Building	BLDG	Concentrate	CNCNTRT
Built	BLT	Concern	CNCRN
Bureau	BURO	Concur	CNCR
Burn	BRN	Conditions	CONDX
Business	BIZ	Conduct	CNDCT
Cable	CBL	Confer	CNFR
Called	CLD	Confine	CNFN
Calling	CLG	Confirm	CONFM
Callsign	CS	Conform	CNFOM
Captain	CPTN	Congratulations	CNGRTS
Careful	CRFL	Conserve	CNSRV
Cause	CUZ	Consider	CNSDR
Celsius	C	Constitutional	CNSTTNL
Centigrade	C	Construct	CNSTRCT
Certainly	CRTNLI	Consult	CNSLT
Chairman	CHMN	Contact	CNTCT or QSO
Chance	CHNC		
Charge	CHRG	Contain	CNTN
Check	CK	Contest	CNTST
Chief	CHF	Continue	CNTNU
Choose	CHUZ	Continuous Wave (AØ)	CW
Circle	CRCL	Contribute	CNTRBT
Circuit	CKT	Control	CNTRL
Circuit Breaker	CB	Convention	CNVNTN
Civil	CVL	Converse	CNVRS
Civil Defense	CD	Convert	CNVRT
Clear	CLR	Convince	CNVNC
Cloudy	CLDI	Cook	CUK
Closing	CL	Copy	CPI
Clicks	KLIX	Correct	CRCT
Coaxial Cable	COAX	Could	CUD
Collect	CLCT	Count	CNT
Collector	CLCTR	Couple	CPL
Collide	CLIDE	Cover	CVR
Come	CUM	Credit	CRDT
Comfort	CMFT	Cruise	CRUZ
Coming	CMG	Crystal	XTAL
Commercial	CMCL	Custom	CSTM
Common	CMN	Daughter	DGTR
Communication	COMM	Day	DA
Compare	CMPR	Dealer	DLR
Compete	CMPT	December	DEC
Complete	CMPLT	Decide	DCD
Compose	CMPZ	Declare	DCLR
Computer	CMPTR	Decrease	DCRS

Delay	DLY	Equal	EQL
Deliver	DLVR	Equip	EQP
Demand	DMND	Equipment	EQPMT
Depart	DPRT	Equivalent	EQVLNT
Derive	DRV	Essential	ESNTL
Describe	DSCRB	Establish	STBLSH
Deserve	DSRV	Estimated	ESTMTD
Desire	DSR	Estimated Time of Arrival	ETA
Develop	DVLP		
Device	DVC	Estimated Time of Departure	ETD
Differ	DFR		
Difference	DFRNC	Etcetera	ETC
Difficult	DFCLT	Europe	EU
Dinner	DNR	Even	EVN
Direction	DRCTN	Evening	EVE
Discharge	DSCHG	Ever	EVR
Distant Station	DX	Evident	EVDNT
Divide	DVD	Exact	XCT
Document	DCMNT	Exactly	XCTLI
Does	DUZ	Exceed	XCD
Does Not	DSNT	Excel	XCL
Dollar	DLR	Except	XCPT
Do Not Know	DUNNO	Exchange	XCHNG
Double	DBL	Exciter	XCTR
Doubt	DBT	Exciting	XCTG
Down	DWN	Exclude	XCLUDE
Duplicate	DPLCT	Exclusive	XCLSV
During	DRG	Exempt	XMPT
Each	ECH	Exercise	XRCISE
Eager	EGR	Exert	XRT
East	E	Exhibit	XHBT
Effect	EFCT	Exists	XSTS
Effort	EFRT	Expedite	XPDT
Element	EL	Expedition	XPDTN
Emergency	EMGNCY	Expend	XPND
Emitter	EMTR	Expenditure	XPNDTR
Employed	EMPLD	Expense	XPNS
Empty	MT	Expensive	XPNSV
Encourage	ENCRG	Experience	XPRNC
Endeavor	ENDVR	Experiment	XPRMNT
End of Message	AR	Expert	XPERT
End of Work	SK	Explain	XPLN
Engineer	ENGR	Explode	XPLODE
Enough	ENUF	Export	XPORT
Entering	NTRNG	Expose	XPOZ

Extend	XTND	Freeze	FRZ
Extent	XTNT	Frequency	FREQ
Extensive	XTNSV	Frequency Modulation	FM
External	XTRNL	Frequent	FQNT
Extinguish	XTNGSH	Friday	FRI
Extra	XTRA	Friend	FRND
Extreme	XTRM	From	DE
Fabulous	FABLUS	Front	FRNT
Fact	FCT	Fully	FLI
Faction	FCTN	Fundamental	FNDMNTL
Factor	FCTR	Funny	FUNI
Facts	FAX	Future	FUTR
Fahrenheit	F	Gallon	GAL
Failed	FLD	General	GNRL
Favor	FVR	General Call To All Stations	CQ
Favorable	FVRBL	Girl	GRL
Feature	FETR	Give	GV
February	FEB	Glad	GLD
Federal	FDRL	Glance	GLNC
Federal Communications Commission	FCC	Gleam	GLM
Feel	FL	Going	GG
Feeling	FELG	Gone	GN
Few	FU	Good	GUD
Field	FLD	Good Afternoon	GA
Field Day (Contest)	FD	Good Evening	GE
Figure	FIGR	Good Luck	GUD LUK
Fine Business	FB	Good Morning	GM
Fired	FRD	Good Night	GN
First	FRST	Governor	GVNR
Fiscal	FSCL	Great	GRT
Fixed	FXD	Greenwich Mean Time	GMT
Fling	FLNG	Greetings	GRTNGS
Floor	FLR	Grief	GRF
Flow	FLO	Ground	GND
Follow	FOLO	Ground	GP
Fondest Regards (between females)	33	Group	GRP
		Grow	GRO
For	FER or 4	Guaranteed	GRNTD
Force	FRC	Guess	GESS
Forever	FRVR	Had	HD
Formed	FRMD	Half	HAF
Forward	FWD	Happen	HPN
Found	FND	Happy	HAPI
Fraction Follows	AU	Have	HV

87

Having	HVG	Interrupt	INTRPT
Head	HED	Interview	INTRWW
Heading	HDG	Introduce	INTRDC
Headquarters	HQ	Investigation	INVSTGTN
Health	HLTH	Involve	INVLV
Heard	HRD	Issue	ISU
Heavy	HVI	January	JAN
Here	HR	Joined	JND
High	HI	Joint	JNT
Highway	HWY	Journey	JRNY
Holds	HLDS	Judge	JDG
Hook	HUK	July	JUL
Hope	HPE	June	JUN
Hotel	HTL	Junior	JR
Hours	HRS	Just	JST
How	HW	Justify	JSTFI
How Do You Copy	HW?	Keep	KP
Hurry	HRI	Keep Out	99
Identification	ID	Kilometers Per Hour	KMPH
Identify	IDNTFI	Kilowatt	KW
Ignorant	IGNRNT	Kind	KND
Illustrate	ILSTRT	Know	KNO
Imagine	IMGN	Labor	LBR
Immediate	IMDT	Landline (Telephone)	LL
Important	IMPTNT	Lane	LN
Improve	IMPRV	Large	LRG
In Accordance With	IAW	Latitude	LAT
Include	INCLD	Laugh	LAF
Income	INCM	Laughter	HI
Increase	INCRS	Leader	LDR
Indicate	INDCT	Leading	LEDNG
Individual	INDVDL	Learn	LRN
Information	INFO	Leave	LV
Injure	INJR	Leaving	LVG
Input	INPT	Left	LFT
Inquire	INQR	Letter	LTR
Inspect	INSPCT	Liable	LIBL
Instant	INSTNT	License	LIC
Intend	INTND	Likely	LKLY
Interest	INTRST	Limit	LMT
Interfere	INTRFR	Listen	LSN
Interior	INTRR	Liter	LITR
International Amateur Radio Union	IARU	Little	LTL
		Loading	LODNG
Int. Telecomun. Union	ITU	Location	LCTN

Longer	LNGR	Modify	MDFI
Longitude	LONG	Moment	MOM
Long Path	LP	Monday	MON
Longwire Antenna	LW	Morning	MRNG
Look	LUK	Mountain	MTN
Lossy	LOSSI	Moved	MVD
Love	LUV	Much	MCH
Love and Kisses	88	My	Mi
Low	LO	Natural	NATRL
Lower	LWR	Near	NR
Machinery	MCHNRY	Need	ND
Maintain	MNTN	Neutral	NUTRL
Make	MK	Never	NVR
Making	MKG	New	NU
Manage	MNG	No	N
Manager	MGR	No Good	NG
Manner	MNR	Nook	NUK
Manual	MNL	Normal	NORM
Manufacture	MFR	North	N
Many	MANI	Nothing	NIL
March	MAR	Notified	NTFD
Mark	MK	November	NOV
Market	MKT	Novice Roundup (Contest)	NR
Married Female	XYL	Now	NW
Material	MTL	Number	NMBR
Maximum	MAX	Obtain	OBTN
Meaning	MNG	Occasion	OCSN
Measure	MSR	Occur	OCR
Mechanic	MECH	October	OCT
Medium	MED	Offer	OFR
Meeting	MTG	Office	OFC
Member	MBR	Official	OFCL
Memorandum	MEMO	Officially	OFCLI
Merchandise	MRCHNDZ	Often	OFN
Message	MSG	Old Man	OM
Meters	M	Old Timer	OT
Middle	MID	Omission	OMSN
Might	MITE	Omitted	OMTD
Miles Per Hour	MPH	Only	ONLI
Minimum	MIN	Operate	OPRT
Misses	MSD	Operation	OPRTN
Mission	MSN	Operator	OPR
Mister	MR	Opportunity	OPTNTI
Moderate	MODRT	Oppose	OPOZ
Modification	MOD		

Option	OPTN	Partical	PCTCL
Ordered	ORDRD	Practically	PCTCLI
Ordinary	ORDNRY	Precipitation	PCPTN
Organization	ORGNZN	Prefer	PFR
Organize	ORGNZ	Preliminary	PRLMNRI
Original	ORGNL	Prepare	PRPR
Ounce	OZ	Present	PRSNT
Over	OVR	Presented	PRSNTD
Owed	OWD	Presently	PRSNTLI
Package	PKG	President	PRES
Paid	PD	Press Report	PX
Part	PRT	Pressure	PRSR
Participate	PTCPT	Previal	PRVL
Particular	PTCLR	Prevent	PRVNT
Party	PRTI	Principal	PRNCPL
Passage	PSG	Printed Circuit	PC
Passed	PASD	Printed Circuit Board	PCB
Passenger	PSNGR	Private	PVT
Payment	PAMNT	Privilege	PRVLG
Pending	PAMNT	Prize	PRZ
People	PEPL	Probably	PRBLI
Perceive	PRCV	Procedure	PRCDR
Perfect	PFCT	Proceed	PRCD
Perform	PFRM	Produce	PRDC
Perhaps	PHPS	Product	PRDCT
Period	PD or R	Production	PRDCTN
Permission	PMSN	Professional	PRO
Persistent	PSTNT	Program	PRGRM
Photograph	FOTO	Progress	PRGRS
Pieces	PCS	Prohibit	PRHBT
Platform	PLTFM	Propagation	PRPGTN
Pleasant	PLSNT	Property	PRPTI
Please	PSE	Proposition	PRPSTN
Pleasure	PLSR	Protect	PRTCT
Poor Operator	LID	Provide	PRVD
Popular	PPLR	Provision	PRVSN
Portable	PTBL	Publication	PBLCN
Position	PSTN	Published	PBLSHD
Possible	PSBL	Publicity	PBLCTI
Postpone	PSTPN	Purchase	PRCHS
Post Office	PO	Qualify	QLFI
Post Office Box	POB	Quality	QLTI
Pound	LB	Quantity	QTI
Power	PWR	Quarrel	QRL
Power Amplifier	PA	Quarter	QRTR

Word	Abbr	Word	Abbr
Question	QSTN	Repair	RPR
Quick	QCK	Repeat	RPT
Quite	QT	Reply	REPLI
Radical	RADCL	Report	RPRT
Rag Chewers Club	RCC	Represent	RPRSNT
Railroad	RR	Request	RQST
Railway	RLWY	Require	RQR
Raised	RSD	Reserve	RSRV
Rather	RTHR	Residence	RSDNC
Reach	RCH	Resistance	RSTNC
Ready	RDI	Resolve	RSLV
Realize	RLZ	Respect	RSPCT
Really	REALI	Return	RTRN
Reasonable	RSNBL	Review	RVW
Receive	RCV	Revolve	RVLV
Received	RCVD	Reward	RWRD
Received Okay	R	Ridicule	RIDCL
Receiver	RCVR	Right	RITE
Receiving	RCVG	River	RVR
Recognize	RCGNZ	Road	RD
Recommend	RCMND	Robbed	RBD
Record	RCRD	Rooked	RUKD
Recover	RCOVR	Room	RM
Recruit	RCRT	Rotor	RTR
Reduce	RDC	Rough	RUF
Refer	RFR	Rumor	RMR
Reflect	RFLCT	Running	RNG
Reform	RFRM	Said	SED
Refuse	RFZ	Salary	SLRI
Regard	RGRD	Satisfactory	STSFCT
Register	RGSTR	Saturday	SAT
Regular	RGLR	Says	SEZ
Regulation	RGLTN	Scarce	SCRC
Reject	RJCT	Schedule	SKED
Relate	RLT	Season	SSN
Related	RLTD	Seclude	SCLD
Relation	RLTN	Second	SEC
Relief	RLF	Secretary	SCTRI
Relieve	RLV	Section	SCTN
Rely	RELI	See	C
Remain	RMN	Seem	SM
Remark	RMRK	Seen	SN
Remember	RMBR	See You Later	CUL
Remove	RMV	Seize	SZ
Renew	RENU	Seizure	SZB

91

Self Adressed Stamped Envelope	SASE	Street	ST
Senior	SR	Study	STUDI
Sentence	SNTNC	Submit	SBMT
September	SEPT	Subsequence	SBSQNC
Servant	SRVNT	Subsequent	SBSQNT
Served	SRVD	Substantial	SBSTNTL
Service	SVC	Such	SCH
Several	SVRL	Sudden	SDN
Severe	SVR	Sufficient	SFCNT
Shall	SHL	Suggest	SGST
Shake	SHK	Suitable	STBL
Shipped	SHPD	Sunday	SUN
Shipment	SHPMNT	Surround	SRND
Shook	SHUK	Swear	SWR
Short Path	SP	Sweepstakes (Contest)	SS
Should	SHUD	Switch	SW
Signals	SIGS	Take	TK
Signature	SIG	Technician	TECH
Significant	SGNFCN	Telephone	FONE
Signify	SGNFI	Temperature	TEMP
Silver	SLVR	Terrific	TRFC
Similar	SMLR	Testify	TSTFI
Single Sideband	SSB	Text	TXT
Sister	SIS	Thanks	TNX
Situation	SITN	Thank You	TU
Small	SML	That	DAT or TT
Society	SCTI	The	DE
Some	SUM	Them	DEM
Soon	SN	Then	DEN
Sorry	SRI	There	DERE
South	S	These	DESE
South America	SA	They	DEY
Spare	SPR	Thing	TNG
Special	SPCL	This	DIS
Specify	SPCFI	Those	DOSE
Spoken	SPKN	Through	THRU
Sport	SPRT	Thursday	THUR
Standard	STD	Time Tick	TX
Station	STN	To	2
Statement	STTMNT	Today	TDY
Statistic	STAT	Tomorrow	TMRW
Steady	STEDI	Tonight	TNITE
Steamship	STS	Took	TUK
Stowed	STWD	Total	TTL
		Touch	TCH

Tough	TUF	Utter	UTR
Toward	TWRD	Uttered	UTRD
Towed	TWD	Utterly	UTRLI
Traffic	TFC	Vacant	VCNT
Train	TRN	Cacate	VCT
Transceiver	XCVR	Vacation	VCTN
Transfer	XFR	Valuable	VLBL
Transform	XFRM	Value	VALU
Transmit	XMT	Variable Frequency	
Transmitter	XMTR	Oscillator	VFO
Transmission	XMSN	Variety	VRTI
Transmitting	XMTG	Various	VRS
Trouble	TRBL	Vertical	VRTCL
Tuesday	TUE	Very	VERI
Unacceptable	UNACPTBL	Vessel	VSL
Unauthorized	UNAUTHRZD	Vicinity	VCNTI
Unavoidable	UNAVDBL	Victim	VCTM
Unchanged	UNCHNGD	Victor	VCTR
Uncommon	UNCMN	Victory	VCTRI
Undelivered	UNDLVRD	View	VW
Understand	UNDRSTND	Vigorous	VGRS
Understood	SN	Village	VLG
Unexpected	UNXPCTD	Violation	VLTN
Unfavorable	UNFVRBL	Violent	VLNT
Unfortunate	UNFRTNT	Virtually	VRTLI
Unfortunately	UNFRTNTLI	Virtue	VRTU
Unfounded	UNFNDD	Visibility	VSBLTI
Unguarded	UNGRDD	Visible	VSBL
Unheard	UNHRD	Vision	VSN
Unidentified	UNIDNTFD	Visiting	VSTG
Uniform	UNFRM	Volume	VOL
Unimportant	UNIMPTNT	Volunteer	VLNTR
United	UNTD	Voted	VTD
Universal	UNVRSL	Voyage	VYG
Universal Time		Vulgar	VLGR
Coordinated	UTC	Wagon	WGN
Unknown	UNON	Wait	AS
Unmarried Female	YL	Warrant	WRNT
Unnecessary	UNCSRI	Water	WTR
Unsatisfactory	UNSTSFCTRI	Watts	W
Until	TIL	Weapon	WPN
Upper	UPR	Weather Report	WX
Upward	UPWD	Wednesday	WED
Urgently	URGNTLI	Week	WK
Usually	USLI	Weight	WT

Welcome	WLCUM	World	WRLD
Were	WR	Work	WRK
West	W	Worry	WRI
What	WAT	Would	WUD
Where	WR	Wound	WUND
Whether	WTHR	Wreckage	RKG
Why	Y	Wrong	WRNG
Wife	YF	Year	YR
Will	WL	Yes	C
Winning	WNG	Yesterday	YSTDY
Wiring	WRG	Yield	YLD
With	WID	You	U
Wonderful	WNDRFL	Young Lady	YL
Word After	WA	Your	UR
Word Before	WB	Zero (Number)	T

Die QSO-Gestaltung

Einleitung

Wenn man von Angaben absieht, die aus Rücksicht auf Vorschriften unbedingt notwendig, z. B. auch bei lange dauernden Gesprächen die Rufzeichen durchzugeben, ist in der Gestaltung des QSO für den Funkamateur ein ziemlicher Freiraum vorhanden.

Manche Amateure übertragen die Art – und auch die Unarten – der Telefonie-QSO in CW-Verbindungen, manche Telegrafie-Freunde setzen das Maß der Qualität eines QSO in möglichst straffe, gekürzte, aber durchaus verständliche Textformulierung.

Die Zweckmäßigkeit einer QSO-Ausgestaltung wird von Fall zu Fall verschieden sein, beide Extreme haben u. U. ihre Berechtigung – man wird sich anders verhalten müssen, wenn man DX-Verbindungen nachjagt, Diplome möglichst in kurzer Zeit erarbeiten will, oder aber sich Zeit lassen kann, mit einem alten Freund mittels CW eine nette Plauderei zu halten.

Es ist aber zu bedenken, daß mit jeder Verbindung ein ohnehin knapper Frequenzraum belegt wird, daß Störungen völlig automatisch, also durch die einfache Präsenz einer Station, entstehen können. So gerechtfertigt es ist, auch plaudern zu wollen, so sollte man jedoch auf die Umstände achten, die Bandbelegung, die Störsituation, die Frequenz selbst, weil ja Bandenden z. B. für DX-Verkehr vorbehalten bleiben sollten usw. Rücksichtnahme auf andere Amateure ist ein wichtiges Gebot!

Hier soll nun – aus verschiedenen Gründen – einer anderen Schule das Wort geredet werden – nämlich nach dem Grundsatz zu verfahren:

"Mehr Information in weniger Zeit",

was keine Aufforderung zur Tempoerhöhung bedeutet, sondern bei einer Tempovorgabe, die durch das Können und Wollen der Verbindungsteilnehmer bestimmt wird, den Austausch eines Maximums an Information.

Dies ist besonders für den Anfänger wichtig. Jeder von uns hat zu irgendeiner Zeit mit den Formulierungen in der neuerlernten Funkersprache gekämpft, mit den Q- und Z-Schlüsseln, mit den Amateurabkürzungen und dem Rapportsystems, und es ist oft – in den Anfängen – nicht gelungen, sinnvolle, gut verständliche und nicht allzu langschweifige Texte abzusetzen.

Die in diesem Kapitel gebrachten Beispiele sind ein Angebot, sind vor allem eine Aufforderung, jeden Text zu überdenken und ihn, wenn man die Berechtigung unseres Grundsatzes akzeptieren kann, nach diesem zu gestalten.

Auch wenn man diesen Grundsatz nicht ganz akzeptieren will, so werden die Beispiele doch auf erhebliche Vorteile einer kurzgefaßten Ausdrucksweise hinweisen. Der so geschaffene Zeitgewinn ermöglicht sehr wohl – bei gleichem Zeitverbrauch – mehr Text, also auch mehr Plauderei!

Es wird ohnehin stets nur auf das NORMAL oder STANDARD-QSO verwiesen. Rag-chewing (also Plaudereien), DX-Verkehr, ZAP-Verkehr, Runden-QSO usw. wird ohnehin jeder, der ein guter CW-Operator werden will, im Laufe seines Amateurlebens erlernen.

Hören ist die erste Pflicht!

Nach dem Einschalten der Station und der Wahl des Bandes, in welchem man zu arbeiten gedenkt, ist anzuraten, zunächst einmal über das Band zu „kurbeln", um sich einen Überblick über die gegenwärtige Lage, d. h. die Belegung, die Stationen, die hörbar sind und die QRM-Situation zu verschaffen.

Entweder man findet eine Station die CQ ruft, und man möchte sie anrufen oder aber man entschließt sich, CQ zu rufen.

In diesem Fall sucht man eine freie Frequenz so gut es geht und sendet zunächst 1 – 2mal die Anfrage „QRL?", um dann noch einige Sekunden zu hören. Möglicherweise bekommt man ein „QRL" oder „QSY" zu hören. Dann ist die Frequenz belegt und man muß suchen. Manchmal jedoch kommt zurück „CALL?" Das bedeutet, daß auf dieser Frequenz jemand nur hört, aber kein QSO im Gange ist und dann kann man mit „?? de DL Ø AF K" antworten und warten, ob ein Anruf erfolgt.

Bekommt man jedoch auf das „QRL?" keine Antwort, so kann man mit dem

CQ-Ruf

beginnen. Grundsätzlich sind ältere Anweisungen, die dazu auffordern 3 Minuten zu rufen, überholt. Für den Normalfall empfiehlt sich der sogenannte „3 x 3-Ruf", also

„CQ CQ CQ DE DLØAF DLØAF DLØAF CQ CQ CQ DE DLØAF DLØAF DLØAF CQ CQ CQ DE DLØAF DLØAF DLØAF K"

Für diesen Ruf braucht man bei Tempo 60 BpM ca. 70 Sekunden, bei schnelleren Tempi entsprechend weniger.

Man kann aber auch, was durchaus brauchbar ist, den Ruf etwas verkürzen, indem man nur 2mal das Rufzeichen gibt:

„CQ CQ CQ DE DLØAF DLØAF   CQ CQ CQ DE DLØAF DLØAF CQ CQ CQ DE DLØAF DLØAF K"

Dieser Ruf ist kürzer und reicht aus, um die Aufmerksamkeit potentieller QSO-Partner auf sich zu lenken.

Manche OPs empfehlen, hinter dem letzten Rufzeichen der Reihe nochmals ein CQ anzuhängen, also:

"CQ .... DE DLØAF DLØAF CQ K"

Nachdem jedoch das K eine allgemeine Aufforderung zum Geben ist, muß man es nicht machen, obwohl die 2 Zeichen natürlich eine Hilfe sind – das zusätzliche CQ nämlich – und tatsächlich auch eine zusätzliche Information beinhalten.

Der CQ-Ruf dauert also – Tempo 60 vorausgesetzt – ungefähr eine Minute, danach ist unbedingt auf Empfang zu gehen und zu hören, ob sich ein Anrufer meldet. Nichts ist frustrierender, als unnötig lange CQ-Rufe. Manche unerfreulichen Zeitgenossen machen es so, daß bis zu 10mal CQ gegeben wird und dann nur einmal das Rufzeichen oder auch umgekehrt!

Wenn man auch beim ersten „Minutenspiel", also dem beschriebenen kurzen CQ-Ruf keinen Erfolg hat, muß man es wiederholen, mehrere Male, bis sich der Erfolg, realisiert im Anruf einer Station, einstellt. Sollte man über längere Zeit keinen Erfolg haben, so sollte man eine andere Frequenz aufsuchen. Möglicherweise ist die zuerst gewählte an einem anderen Standort gestört!

Der CQ-Ruf ist prinzipiell mit einem „K" zu beenden, niemals „+ K" und schon gar nicht „KN" geben!

Es gibt spezielle CQ-Rufe, z. B. „CQ DX". Diesen Ruf sollte man nur dann anwenden, wenn man nach vorheriger Bandbeobachtung sich überzeugt hat, daß er einigermaßen Aussicht auf Erfolg hat, (Ausbreitungsbedingungen!). Dazu gehören auch solche CQ-Rufe wie z. B.: CQ VK, Richtungsruf nach Australien, CQ USA, CQ AF, also Richtungsruf nach USA, Afrika usw. Doch jeder dieser CQ-Rufe sollte in die „Landschaft" passen; ein CQ DX – Ruf auf 80 m im Sommer um die Mittagszeit, wenn die Tagesdämpfung auf diesem Band maximal ist, bringt den Hörer bestenfalls zu einem müden Lächeln!

Weitere mögliche CQ-Rufe sind solche nach bestimmten Gruppen: CQ AGCW, CQ DIG, CQ FOC usw. Ferner können Rufe nach bestimmten Städten oder Ländern abgesetzt werden. Auch hier sollte man die Ausbreitungsbedingungen auf dem benützten Band beachten. Es ist ziemlich sinnlos, auf 21 MHz, wenn UAØ und JA gut ankommen, von Frankfurt/Main aus „CQ BERLIN" zu rufen!

Zusammenfassung:

> Besser mehrmals kurz, als einmal lang rufen!
> Den Ruf stets den Ausbreitungsbedingungen anpassen!
> Den Ruf immer mit einem einfachen „K" beenden!

Es muß hier nun auch erwähnt werden, wie ein CQ-Ruf zu beantworten ist. In der Regel genügt eine Antwort. Nur dort, wo man meint, daß der eigene Anruf nicht gut ankommt, sollte man auf „2 x 2" oder „3 x 3" Rufe übergehen.
Beispiele:
DLØAF DLØAF DE OE7OAW OE7OAW   (Normalfall)
oder
DLØAF DLØAF DE OE7OAW OE7OAW   i i   DLØAF DLØAF DE OE7OAW OE7OAW OE7OAW KN
Der „3 x 3"-Ruf sollte die Ausnahme sein.

Bei Stationen, die einen flotten Betriebsstil zeigen, im DX-Verkehr, genügt manchmal nur einmal das fremde Rufzeichen und einmal bis zweimal das eigene Call:

KH 6 IJ DE DLØAF DLØAF KN oder KH 6 IJ DE DLØAF KN.

In manchen Fällen, bei sogenannten „PILE-UPs", genügt manchmal auch das einfache „DE DLØAF DLØAF".

Doch dieses Verhalten muß man durch Erfahrung erlernen und jeweils die Situation zur Grundlage des eigenen Vorgehens machen.

Es kann nun noch ein besonderer Fall besprochen werden, nämlich jener, bei dem eine Station benützt wird, die tatsächlich „FULL BK" ist, also bei der man die Frequenz zwischen den einzelnen Buchstaben des eigenen Gebens abhören kann.

CQ und seine Beantwortung im BK-Verkehr

Hat man also eine BK-fähige Station, kann man seinen CQ-Ruf etwa so modifizieren:

CQ CQ QSK DE DLØAF DLØAF QSK K oder auch CQ BK CQ BK DE DLØAF DLØAF BK, oder ähnlich.

Die Antwort darauf kann man so versuchen, daß man auf der Frequenz des Rufenden zunächst eine Reihe Punkte sendet. Hat man richtig abgestimmt, bzw. wurde man gehört, kommt mit ziemlicher Sicherheit ein „?" oder „QRZ ?" zurück. Dann kann man kurz sein eigenes Rufzeichen nennen.

Da es jedoch Leute gibt, die sich an einen solchen CQ-Ruf, aus welchen Gründen auch immer, nicht herantrauen, sollte man diese Art des Rufens auch nach ca. 1 – 1 1/2 Minuten mit einem normalen „..... DE DLØ AF K" beenden.

Hier sollen zunächst einmal einige Betriebszeichen besprochen werden:

B̄K̄ – sollte eigentlich nur dann angewendet werden, wenn man tatsächlich BK = QSK-Betrieb machen kann. Es wird aber besonders in Contesten und auch für kurze Rückfragen verwendet, was im Prinzip nicht korrekt ist.

K – Kommen! oder bitte kommen! Es ist eine Aufforderung zu geben. Sie ist ziemlich allgemeiner Art, eignet sich am besten hinter einem CQ-Ruf, wie beschrieben wurde. Man kann damit auch Durchgänge im QSO beenden, diese kann – aber muß nicht – zu Mißdeutungen führen.

K̄N̄ oder
T̄P̄ – dieses Zeichen ist bei geschlossener Gebeweise identisch. Manche OPs lehnen es ab, weil es im Zeichenbild identisch mit einer Klammer ist! Doch in der Tat bedeutet diese Aufforderung zum Geben eine Art Ausklammerung. Sie ist nämlich die Aufforderung für eine bestimmte Station, d. h. für den jeweiligen Partner innerhalb des QSO.

(Englisch ist die Deutung: go ahead specific station. Eine alte Form ist auch: transmitt please). Wird dieses Zeichen verwendet, kann man sicher sein, wenn man auch nur das Ende eines Durchgangs gehört hat „....... DE DLØAF KN", daß sich die Station im QSO befindet. KN darf niemals hinter einen CQ-Ruf gesetzt werden!!

+ – Dieses Zeichen ist der Abschluß eines Textes. Man kann es also durchaus in jedem Durchgang zur Trennung des eigentlichen Textes von der abschließenden Rufzeichendurchgabe verwenden. Dies ist aber nicht zwingend. Es gehört jedenfalls zum Abschluß des letzten Durchgangs, z.B. nach der Verabschiedung und vor die Durchgabe der Rufzeichen. Hinter einem Rufzeichen sollte man es nur im QTC-Verkehr oder bei der Abstrahlung von Rundsprüchen verwenden. Es kann aber auch innerhalb eines Durchganges vorkommen, wenn man z. B. Grüße von einem OM durchgibt und dann im eigenen Text fortfährt: „KA QSP 73 VON DL7DO AN DICH ES QSL BRIEF + HPE U . . . . . ". Doch dies ist ein seltener, nicht unbedingt repräsentativer Fall. Das + wird jedoch auch als Pluszeichen im Text verwendet.

K̄Ā – kommt im eigentlichen QSO selten vor. Neben dem oben angeführten Beispiel wird es jedoch z.B. bei Rundsprüchen als Hinweis auf den beginnenden Text oder auch bei Übungssendungen häufig verwendet.

S̄K̄ – signalisiert das Ende des QSO. Es sollte stets nach der Durchgabe der Rufzeichengruppe als Beendung der Verbindung betrachtet werden, und es sollten, ohne zwingende Gründe, nicht noch weitere Durchgänge folgen, das ist absurd! Es ist natürlich nichts dagegen einzuwenden, nochmals ein „GB", „GN" oder „ESE" oder eine ähnliche Aufmerksamkeit einzustreuen! Auch nach dem SK!

Bei dieser Gelegenheit kann man noch die Durchgabe von Rufzeichen „mit Anhang" erwähnen. Im Hinblick darauf, daß es bei uns im Mobilbetrieb, Portabelbetrieb und Zweitstandortbetrieb angehängte Buchstaben gibt, die korrekt so ausgeführt werden:

DL7DO/A, DJ1GQ/M, DK9FN/P,

ferner im Hinblick darauf, daß bei einer Reihe von Gastlizenzen genauso zu verfahren ist, wie:

OE7OAW/DL, DK6AP/OE oder auch CT3/DL7AA und evtl. bald DL/OE7OAW; ist zu vermeiden, daß der Bruchstrich - . . - . anders als für solche offiziellen Bezeichnungen verwendet wird!

Es muß hier der Bindestrich (auch Gedankenstrich genannt) verwendet werden, wenn man eine besondere Art des Betriebes anzeigen will:

DK9TZ – QRP

oder eine bestimmte Gruppenzugehörigkeit andeutet:

DK9ZH – AGCW.

Der Bindestrich ist -....-, nicht zu verwechseln mit dem Doppelstrich =, der ist -...-!

Der Querstrich ist also nur dort zu verwenden, wo sich eine Ergänzung des Rufzeichens mit Zusätzen, die durch Lizenzbestimmungen festge-schrieben sind, zwingend ergibt. Betriebsarten (QRP), Clubangehörigkeit (DIG, TOPS etc.) sind kein integraler Bestandteil des Rufzeichens.

Im folgenden sollen, auch an Beispielen, normale QSO vorgeführt werden. Dazu sei einleitend gesagt, daß ohne besondere Aufforderung (QSZ o. ä.) nur ganz wenige Teile der üblichen Texte wiederholt werden sollten.

Zweimal gegeben werden nur RST, der Name des QTH, der Name des OP, sonst nichts!

Es ist weder höflich noch besonders schön, wenn man z. B. dreimal GT wünscht, denn auch bei einer Begegnung auf der Straße sagen wir kaum dreimal hintereinander „Guten Tag"!

Es ist also im QSO v. a. vernünftig vorzugehen, und man soll nicht krampfhaft von den normalen Gewohnheiten abgehen. Kein Mensch sagt bei einer Vorstellung „.... mit Namen Heinz", aber diesen Stumpfsinn findet man auf dem Band häufig, obwohl es sehr wohl reicht, „NAME HEINZ" oder „OP HARRY" zu telegrafieren. Wir weisen hier auf den Grundsatz hin:

Mehr Information in weniger Zeit,

wobei hier nicht das Tempo des Gebens gemeint ist, sondern einfach die Tatsache, daß man bei einer Tempovorgabe innerhalb dieses Rahmens einen ohne unnütze Schnörkel laufenden Informationsfluß sichern sollte.

Eine andere Frage ist, ob es sinnvoll ist, sich so zu unterhalten, daß man die Hochsprache, zusammen mit allen Interpunktionszeichen, gibt?

Dies ist Ansichtssache. Es ist sicher nicht die Art des „normalen" QSO, schon gar nicht des Contest oder DX-QSO und erfordert auch, um genügend Information zu übertragen, ein flottes Gebetempo. Dort, wo jedoch durch längere QSOs, z. B. die besondere Situation – nämlich wenig Stationen auf dem Band – kein zusätzliches QRM entsteht, ist natürlich gegen Abwicklung von QSOs in offener „Schriftsprache" nichts einzuwenden. Doch diese Art der Verbindungsgestaltung ist nicht das Thema dieser Abhandlung. Besondere Formen, wie hier beschrieben oder auch der Gebrauch hoher Betriebstempi werden von jedem Amateur nach Neigung und Fähigkeit im Laufe seiner „Amateurfunk-Laufbahn" selbst entwickelt.

Das Thema hier ist das Normal- oder STANDARD-QSO.

Wir wollen zunächst ein einfaches Beispiel, das analysiert werden soll, bringen:

1) A: CQ CQ CQ DE DLØAF DLØAF CQ CQ CQ DE DLØAF DLØAF
   CQ CQ DE DLØAF K

2) B: DLØAF DLØAF DE DJ5QK DJ5QK DJ5QK KN

3) A: DJ5QK DE DLØAF = GT LBR OP = TKS RUF = RST 579 579 =
   QTH GESEKE GESEKE = DOK O 37 O 37 = NAME FRIED FRIED
   = HW ? DJ5QK DE DLØAF KN

4) B DLØAF DE DJ5QK = GD DR OM FRIED = TNX RPRT = RST
   589 589 IN HEIDELBERG HEIDELBERG = DOK A Ø6 =
   OP OTTO OTTO = WX UFB SONNIG TEMP 10 C = OK ? +
   DL Ø AF DE DJ5QK KN

5) A: DE DLØAF = R DR OTTO OM = SRI HR WX REGEN ES KALT =
   RIG TCVR WID 100 W INPUT ES ANT W3DZZ = QRU? DE DLØAF KN

6) B: DLØAF V DJ5QK = R OB FRIED TKS INFO = INPUT 100 ES ZEPP
   ANT HR = QRU = PSE QSL ES TNX QSO = AWDH IN CW 73 ES GB +
   DLØAF DE DJ5QK SK

7) A: DJ5QK DLØAF = R LBR OTTO VY TKS QSO HOFFE AWDH =
   OK QSL = 73 es 55 GL GB + DJ 5 QK   DE DLØAF SK GB

(8) B: ESE – (Das ist allerdings sehr umstritten! Diese „Punktegeberei"
   wird von manchen OM strikt abgelehnt!)

Nun zur Analyse:

Es handelt sich um ein sehr einfaches QSO, und es dürfte in etwa dem allgemeinen Schema entsprechen, wie erste QSO zwischen vorher unbekannten Partnern abgewickelt werden.

Zu 1) – Üblicher CQ-Ruf kurz und richtig. Am Ende kommt K.

2) – Normaler Anruf, kurz, mit KN beendet.

3) – Ein einfacher und klarer Durchgang. RST, QTH und NAME zweimal durchgegeben, ebenso DOK.

4) – In der Antwort wird das Kürzel QTH nicht verwendet, sondern nur „in Heidelberg" gegeben, was bei guter Hörbarkeit durchaus statthaft ist. DOK wird hier nur einmal gegeben, was zwar bei einem RST 579 statthaft ist, aber es sollte trotzdem möglicherweise wiederholt werden.

5) – Hier gibt die Station nur „DE DLØAF", was durchaus genügt. Das QRU gibt an, daß weiter nichts vorliegt. Es kann die Andeutung des Wunsches nach der Beendigung des QSO sein, es kann aber auch die Frage nach möglichen anderen Gesprächsthemen sein.

6) – Hier wird „DLØAF V DJ5QK" gegeben, im innerdeutschen Verkehr heißt es von = de, im internationalen Verkehr würde das niemand verstehen! Hier ist es aber erlaubt.

7) – Die Rufzeichen werden ohne DE (oder V) gegeben. Auch das ist durchaus üblich. Vorher wurde nach dem SK nichts gegeben. DLØAF hängt freundlich noch ein GB an.

8) – Die Gegenstation klopft nochmals kurz auf die Taste. Dies ist eine freundlichee, aber nicht notwendige Geste. Begründung siehe oben!

Dies ist ein Beispiel. Ein solches sollte nicht ganz und gar nachgeahmt werden. Es zeigt nur an bestimmten Stellen **einige** Möglichkeiten an.

Weitere Beispiele folgen im Text. Auch sie können unmöglich das ganze Spektrum abdecken. Kein Funkamateur lernt aus. Jeder – mehr oder weniger – prägt seinen Stil, benutzt seine beliebten Redewendungen. Alle diese Beispiele sind lediglich ein Angebot, eine kurze Skizze, wie man QSO führen kann.

Ein weiteres Beispiel:

1) A: CQ CQ EU DE W1AW CQ EU CQ EU DE W1AW K

2) B: W1AW W1AW DE OE 7OAW W1AW DE OE7OAW
PSE K

3) A: OE7OAW OE7OAW DE W1AW = GE ES GM OM = TKS CALL =
RST 559 559 IN NEWINGTON NEWINGTON CT ARRL HQ =
Handle BOB BOB = RIG 1 KW
ES 3 EL = OK?
OE7OAW DE W1AW KN

4) B: W1AW DE OE7OAW = R ES GM DR BOB = VY GLD QSO
ARRL HQ = UFB RST 599 599 = QTH AXAMS AXAMS/TYROLIA =
ALTITUDE 900 M = NAME OTTO OTTO = INPUT ONLI 10 W =
ANT GP = CONDX UFB A LOT OF W STN HR = PSE QSL HR
SURE QSL = OK? W1AW DE OE7OAW KN

5) A: OE7OAW DE W1AW = R SUM QRM BUT OK DR OM OTTO = FIRST
OE STN TODAY = QSLL = WX CLOUDY ES COLD = GUD CONDS FER
EU = OK? OE7OAW DE W1AW KN

6) B: W1AW DE OE7OAW = R DR BOB = TNX DOPE = WX SNOW TEMP
MINUS 18 DEG CENTIGRADE = NW QRU ES VY TKS FER NICE
QSO = GUD DX ES CUAGN OB BOB 73 GB GN + W1AW
DE OE7OAW SK CL

7) A: OE7OAW DE W1AW = R ES TKS QSO OTTO = UR 10 W WKG
STRONG SO BEST DX = GL TO U ES URS GB 73 DE W1AW SK

Eine kurze Analyse:

Zu 1) und 2): Üblicher Verlauf. Ob man PSE K, anstatt K geben soll, wie OE7OAW, ist zweifelhaft. Es kostet Zeit, aber es ist kein Fehler.

3) W1AW gibt QTH, also auch den Ort, was bei US-Stationen nicht immer üblich ist. Meist wird in Abkürzungsform nur der Staat gegeben (Hier CT = Connecticut, NC = North Carolina, FLA = FL = Florida etc.) Die Angabe wird aber verständlich, denn es wird noch ergänzt ARRL HQ. Es handelt sich also um die Station des Hauptquartiers, der ARRL. Der OP gibt HANDLE BOB. Dazu ist zu sagen:

   a) Eine Reihe von Amateuren benützen die Kurzform ihres Namens: Sepp statt Josef, Joe statt Joseph usw. Es hat sich nun – besonders in Übersee – eingeführt, diese Kurzform als HANDLE zu bezeichnen. Es ist aber auch durchaus normal, NAME BOB (Bob = Kurzform von Robert) zu geben.

   b) Einige Amateure haben sich einen „Funknamen" zugelegt, der ggf. mit ihrem Vornamen nicht zusammenhängt. Auch hier wird dann folgerichtig HANDLE gegeben.
   Dafür spricht die Kürze eines solchen HANDLE, u. U. wird aber dadurch eine spezifische Färbung unterdrückt: Man erwartet aus Kiew viel eher einen Sergjej als einen Joe, aus Skandinavien eher einen Jens als einen Bill usw. Doch dies ist keine Zweckmäßigkeitsfrage, sondern eine Frage der freien Entscheidung.

   Die Antenne wird als „3 EL" beschrieben, also eine Richtantenne. Es könnte aber auch noch präzisiert werden, z. B. „3 EL YAGI".

4) Nicht unbedingt notwendig ist natürlich die Höhenangabe. Es soll lediglich darauf hingewiesen werden, daß die Station im Gebirge steht. Ebenso könnte auf den Zusatz „/TYROLIA" verzichtet werden, weil dies schon im Rufzeichen (OE7 = Tirol) beschrieben ist. Das sind zwar keine Fehler (!), aber durchaus vermeidbare Angaben.

5) Dazu ist nichts zu sagen.

6) Dazu ist zu sagen, daß man – für Englischsprachige – durchaus die Bezeichnung DEG CENTIGRADE (degrees centigrade) geben kann. Es ist jedoch länger als TEMP MINUS 15 C, was nun bei weiterer Verbreitung des Dezimalsystems jeder versteht.
Das CL am Ende des Durchganges bedeutet, daß OE7OAW unmittelbar nach Beendigung des QSO die Station schließt und nicht mehr auf evtl. Anrufe zu reagieren beabsichtigt.

7) Hier ist nur der Gruß an die Familie zu bemerken:
GL TO U ES URS, also viel Glück für Dich und die Deinen, könnte natürlich auch sein: UR FAMILY. Das im Beispiel erwähnte Textstückchen ist aber kürzer.

Dies wären die Beispiele für einfache QSO.

An dieser Stelle wollen wir eine kurze Betrachtung über die Wahl der Frequenzen einflechten.

Zunächst sollte sich ein jeder Amateur einen gewissen Überblick verschaffen, was ungefähr zur gegebenen Jahreszeit, zur gegebenen Uhrzeit überhaupt auf einem bestimmten Band zu erwarten ist. Ein wenig Information über die Ionosphärensituation sollte sich auch jeder beschaffen. Es gibt z. B. in der CQ-DL monatlich einen Überblick, der hilfreich sein kann.

Auch diese Dinge lernt man in der Praxis anzuwenden und zu verwerten, sie sind besonders für den Amateur wichtig, der sich auf DX-Jagd begeben will.

Eine andere Frage ist die Wahl der Frequenz innerhalb eines Bandes. Da wir hier von CW reden, sollte die gewählte Frequenz immer innerhalb der Bandsegmente liegen, die als IARU-Empfehlungen vornehmlich für CW reserviert sind. Nur in Fällen, die eine andere Lösung nicht erlauben, z. B. das Vorhandensein einer Störung im Modulationsteil des Senders, kann man auch in CW eine Station im „Fonieteil" anrufen. So wie es CW-Leute ungern sehen, wenn jemand im CW-Teil Fonie macht, ist es auch umgekehrt. Zwar sagen darüber Vorschriften nichts aus. Man kann also beides, aber ein „gutezogener" Amateur, mit HAM-SPIRIT ausgestattet, macht so etwas nicht ohne Not.

Hat man ein freies „Plätzchen" gefunden, also eine freie Frequenz und sich davon überzeugt (QRL?), daß niemand dort einer anderen Sendung lauscht, hat man von ihr „Besitz ergriffen". D. h. wenn man dort nach seinem CQ-Ruf ein QSO abgewickelt hat, kann man auch dort weiterhin CQ-Rufe starten und QSO abwickeln. Zwar ist dies auch juristisch nicht untermauert, sondern eine Frage des guten Benehmens, indem man nämlich niemanden von der Frequenz verdrängt, auf der wir er sich vorher schon befunden hat! Es gibt allerdings Conteste, die gerade das Gegenteil fordern, nämlich nach CQ-Ruf und einem QSO die Frequenz zu räumen. Trotzdem ändert diese Tatsache nichts an der Gültigkeit des vorher Gesagten.

Evtl. Anrufer nach einem QSO, die nicht dem „Frequenzbeleger" gelten, muß der Angerufene, also der zweite QSO-Partner, mit einer QSY-Angabe etwas abseits lotsen, wo er dann ein QSO mit dem neuen Partner fahren kann.

Soweit diese Einflechtung. Es soll nun versucht werden, anhand von 2 Beispielen zu zeigen, daß es möglich ist, **gute** Beispiele von QSO-Texten noch etwas zu verkürzen, ohne damit am Nachrichteninhalt wesentliche Informationen „wegzukürzen".

Der erste Text ist das „Muster-QSO", von OM Igor Falster, DL 1 EE:

1) G3ABC G3ABC DE DL1AA = GE DR OM TNX FR CALL PSED TO MEET U = UR RST 589 WID QSB = QTH STUTTGART = NAME HANS = HW? + G3ABC DE DL1AA K

2) DL1AA DL1AA DE G3ABC = GE HANS ES TNX FR QSO = UR RST 579
IN LONDON = NAME JIM = INPUT 100 WATTS = RX SUPER = AER
DIPOLE = NW QRU = WL QSL VIA BUREAU = 73 ES BEST DX +
DL1AA DE G3ABC K

3) G3ABC DE DL1AA = R TNX FR ALL JIM = HR INPUT 24 WATTS
INTO LONGWIRE = QSL OK = NW QRL SKED WID LOCAL STN =
HPE CUAGN 73 ES CHEERIO + G3ABC DE DL1AA SK

Nochmals betonen wir: Das ist ein guter Text, er kann durchaus so gesendet werden! Doch wollen wir nicht unversucht lassen, diesen Text, nach hier im Vorangegangenen gesetzten Absichten, ein wenig umzugestalten.

1) G3ABC DE DL1AA = GE DR OM TNX CALL PSED QSO = RST 589 589
QSB = QTH STUTTGART STUTTGART = NAME HANS HANS = HW? +
G3ABC DE DL1AA K

2) DL1AA DE G3ABC = R GE HANS TNX QSO = RST 579 579 IN LONDON
LONDON = NAME JIM JIM = INPUT 100 W = RX SUPER = AER DIPOLE
= QRU = QSL VIA BUREAU 3 73 ES BEST DX + DL1AA DE G3ABC SK

3) G3ABC DE DL1AA = R TNX ALL JIM = INPUT 25 WTTS = ANT LW =
QSL OK = NW QRL SKED LOCAL STN = HPE CUAGN 73 CEERIO +
G3ABC DE DL1AA SK

Analyse:

1) Man hat bei etwa gleicher Länge des Textes sowohl die Wiederholung nicht unbedingt notwendiger Stellen, z. B. Rufzeichen und den Gebrauch abdingbarer Kürzel vermieden, dafür durch Wiederholung des RST, QTH und Namen eine höhere Übertragungssicherheit erreicht.

2) Unter gleichen Bedingungen konnte hier keine kürzere Fassung erreicht werden, ja der Originaltext ist sogar um einige Zeichen kürzer! Jedoch besteht wieder der Vorteil der Übertragungssicherung.

3) Auch hier wurde gleich verfahren. Zudem wurde die Redewendung „25 W Input in die Antenne" vermieden. Man sollte diese Wendung nur dann gebrauchen, wenn man seinen Sender mit OUTPUT, also Ausgangsleistung beschreibt. Auch hier wurde bei Wahrung des Informationsinhaltes eine Kürzung erreicht.

Nun zum zweiten Beispiel, es stammt von einem sehr bekannten Experten, nämlich von Karl Rothammel, DM2ABK. Auch dies ist ein normaler Text, der auf Möglichkeiten abgeklopft werden soll, die QSO-Führung im Sinne unserer Maxime zu straffen und in kürzerer Zeit gleiche Informationen zu übermitteln.

1) CQ DX DE Y21AO Y21AO   CQ DX DE Y21AO Y21AO +

2) Y21AO Y21AO DE VK2EO VK2EO +

3) VK2EO DE Y21AO = GA OM ES TKS FOR UR CALL. UR RST 479 479.
SOME QRM. QTH NR BERLIN BERLIN. NAME HANS HANS.
HW CPI? VK2EO DE Y21AO +

4) Y21AO DE VK2EO. GM HANS OM. VY GLD TO MEET U. FB CPI UR RST
HR 569 569. QTH SYDNEY SYDNEY. NAME IS DAVE DAVE:
HRD TWO OTHER EU STNS BUT WEAKER THAN YOU. OK?
Y21AO DE VK2EO KN

5) VK2EO DE Y21AO = OK UFB DAVE, I AM USING A ONE ELEMENT
QUAD ON 40 MTRS, WORKS WELL EAST WEST, PSE QSLL.
NEED UR CRD FOR 5BDXCC. HW? BK

6) BK CONGRATULATIONS TO YOUR QUAD. WL QSL, CU ON 80 HANS
73 FB DX OB + Y21AO DE VK2EO KN

7) BK TNX FOR BUZZ, CHEERIO DAVE. VK2EO DE Y21AO SK

Der einzige – kleine – Formfehler ist die Verwendung von Satzzeichen, Punkt und Komma, ggf. Doppelpunkt. Das ist in normalen QSO und schon gar bei DX QSO unüblich. Satzzeichen werden üblicherweise bei Klartexten verwendet, ggf. bei Rundsprüchen, also bei kürzelarmen Texten in normaler Sprache.

Ein Hinweis: Manchmal, besonders im DX-Verkehr, hat sich eingebürgert zu fragen „HW COPI... CPI... COPY... CPY? Mit der Antwort FB CPI usw. Es wird gebraucht, bietet aber gegenüber der Frage OK? und dem schlichten R auch R OK, (aber schon das ist nicht nötig, wenn das R ehrlich ist!) keinen Vorteil.

1) CQ DX DE Y21AO Y21AO   CQ DX DE Y21AO Y21AO K

2) Y21AO Y21AO DE VK2EO VK2EO KN

3) VK2EO DE Y21AO = GA OM TKS CALL = FB CPI RST 479 479 =
SUM QRM = QTH NR BERLIN BERLIN = NAME HANS HANS =
HW CPI? VK2EO DE Y21AO KN

4) Y21AO DE VK2EO = GE HANS OM = VY GLD QSO = RST 569 569 =
QTH SYDNEY SYDNEY = NAME DAVE DAVE = I HRD TWO
OTHER EU STNS BUT WEAKER = OK ? Y21AO DE VK2EO KN

5) VK2EO DE Y21AO = R DAVE UFB = USING ONE ELEMENT QUAD
ON FORTY WKG WELL EAST = QSLL = NEED UR CRD FR
5BDXCC = HW? BK

6)BK CONGRATS ON UR QUAD = QSL = CU ON 80 HANS =
73 FB DX OB + Y21AO DE VK2EO KN

7) BK TNX BUZZ = CHEERIO DAVE + VK2EO DE Y21AO SK

Nachdem hier schon ausreichend analysiert wurde, soll es in diesem Fall dem Leser empfohlen werden, warum im zweiten Textbeispiel Veränderungen vorgenommen wurden. Das ist eine gute Übung zur Analyse von Texten, die man im QSO gibt oder empfängt.

Anschließend noch einige Bemerkungen zu allgemeinen Fragen, die im Zusammenhang mit dem Gesagten aufkommen könnten.

Es scheint so, als ob man zwischen QSO in Kürzelform und „Plaudereien" unterscheiden wollte. Das stimmt nicht. Man muß nur in vernünftiger Form die Normal-QSOs führen können. Erweiterungen bis zu ggf. recht langen QSO im Klartext sind immer möglich. In den meisten Fällen kommt es dann zu einer Mischform aus Klartext und Kürzeln. Es gibt jedoch auch OM, die lange QSO nur im Klartext führen, mit Satzzeichen usw. Das ist jedoch eher eine Ausnahme.

Die verwendete Kürze des Textes muß auf jeden Fall der Störsituation des Funkweges angepaßt sein, soll es nicht zu verzögernden Rückfragen kommen. Das heißt in der Umkehrung, daß die Texte umso ausführlicher werden müssen, je höher der Störgrad des Funkweges ist. In der Praxis bedeutet das Wiederholungen (man gibt ja auch QTH und Namen 2 x!), und diese sind eben nur dann tragbar, wenn der Text auf dem Wege der Kürzel eine erträgliche Länge hat. Dies ist der Hauptgrund der Verwendung der Kürzel. Deshalb werden sie auch hier empfohlen.

Manche OM sind der Meinung, daß man im „Kern"- QSO die übliche Reihenfolge RST, QTH und NAME ändern sollte, z. B. in RST, NAME, QTH, wofür einige, auch emotionelle Argumente sprechen. Es ist jedoch besser, die Standardreihenfolge beizubehalten, besonders dann, wenn die Empfangssituation, was ja meist der Fall ist, nicht die allerbeste ist. Eine solche Standardisierung trägt im hohen Maße zur besseren Verständlichkeit bei.

Etwas ganz besonderes ist der DX-Verkehr, und hier gilt ganz sicher, daß man nie auslernt. Leider sind die Sitten im DX-Verkehr nicht immer die besten. Eine kleine Anmerkung: In einem PILE-UP, also in einer Situation, wo ein „seltener Vogel", also eine besonders seltene DX-Station von vielen Stationen erreicht werden will, sind **alle** Rückfragen, wenn man selbst mit dem Exoten ins QSO gekommen ist, zu unterlassen! Man soll solange zuhören, bis der exotische OP seinen Namen, QTH und auch die QSL-Möglichkeit selbst durchgibt, was immer wieder geschieht.

Ferner ist zu merken, die Durchgabe des QTH etwa so abzustufen: In DL prinzipiell auch den kleinsten Ort angeben, ggf. dazu „NR FRANKFURT" o. ä. Gleiches gilt auch für den Europaverkehr mit Einschränkungen. Für DX entweder schlicht den Namen der nächsten großen Stadt angeben, wobei man den Kreis etwas weiter ziehen kann. Doch ist dies nicht zwingend, man kann natürlich auch zu den Antipoden telegrafieren „ZAPPELHAUSEN BEI GROSSSTADT", aber ist dem OM im fernen Land damit gedient?

Abschließend soll noch darauf hingewiesen werden, daß es durchaus sinnvoll ist, offenen Text mit Kürzeln zu vermischen!

Wir wollen es an einem kurzen Beispiel darstellen:

„ . . . . . ich verwende nicht mehr die Endstufe mit den beiden 807, sondern habe eine neue halbleiterbestückte Endstufe . . . ."

Das kann man so ausdrücken:

„..... HR NIX PA ZWEIMAL 807 = HABE NEUE PA SOLID STATE ...."
oder

„..... NICHT MEHR PA 2 MAL 807 = HR NEUE PA MIT TRANSISTOREN ...."
Diese Beispiele kann man beliebig erweitern.

Es gibt nur einen Rat, den man – als Analogon zu der These: Bevor der Mund betätigt wird, Gehirn verwenden – geben kann:

Bevor die Taste betätigt wird – denken!

Quellen: Schips-Issler: Taschenbuch für den KW-Amateur, 1947
Rothammel und Kollektiv: Taschenbuch der Amateurfunkpraxis (DDR 1977)
Falster: Taschenbuch für den KW-Amateur (1980, 16. Auflage)

Autor: Otto A. Wiesner, DJ5QK

Allgemeine Bemerkungen zum Amateurfunk und zur Betriebsart Telegrafie

Ein Funkamateur sollte niemals die Tatsache vergessen, daß der Amateurfunk ein FUNKDIENST ist – im Gegensatz zu der Betätigung als Hobbyfunker – und seine Station mit Rufzeichen, Rechten und Pflichten eine amtlich zugelassene Funkstation seines jeweiligen Landes ist. In den „Final Acts", den Schlußakten der letzten WARC von 1979 sind die Bestimmungen über den Amateurfunk in dem Artikel 32 enthalten, und die näheren Bedingungen des terrestrischen Amateurfunks sind in den Abschnitten 2731 bis 2739 geregelt. Für CW-Freunde ist besonders der Abschnitt 2735 wichtig, der für Funklizenzen zwingend den Nachweis der Fertigkeit von Handabgabe und fehlerfreier Höraufnahme von Texten in Morsezeichen heischt, für alle Lizenzen, die den Amateurfunk unterhalb von 30 MHz erlauben.

Neben dem Funken enthält das Wort FUNKDIENST auch das Wort DIENEN. Was damit gemeint ist, soll deutlich gemacht werden durch die 6 Regeln von Paul M. Segal, einem Oldtimer und langjährigen Funktionär der IARU und ARRL, die unter der Bezeichnung

Ehrenkodex des Funkamateurs weltweit bekannt sind:

1 – **Ein Funkamateur ist rücksichtsvoll**
   Er gebraucht sein drahtloses Medium wissentlich niemals so, daß die Freude anderer Amateure an ihrer Betätigung geschmälert wird.

2 – **Ein Funkamateur ist loyal**
   Stets bietet er seine loyale Mitarbeit, seine Förderung und Unterstützung sowohl seinen Funkfreunden als auch seinem Ortsverein und seinem Club, durch den Funkamateure repräsentiert werden, an.

3 – **Ein Funkamateur ist fortschrittlich**
   Nicht nur der technische Zustand seiner Station soll auf der Höhe der Zeit sein, und die Station gut gebaut und leistungsfähig sein, auch die Abwicklung des Betriebes muß über jeden Zweifel erhaben sein.

4 – **Ein Funkamateur ist freundlich**
   Er sendet langsam und geduldig, wenn sein Partner es wünscht; freundliche Hilfe und Rat bietet er Anfängern; er bringt immer die Kraft zum Beistand, zur Mitarbeit und zum Verstehen der Interessen anderer auf. Dies alles gehört zum Bild wahren Amateurgeistes (HAMSPIRIT).

5 – **Der Funkamateur ist ausgeglichen**
   Der Amateurfunk ist seine Freizeitbeschäftigung. Er läßt nie zu, daß die Ausübung dieser Beschäftigung seine Pflichten seiner Familie, seinem Beruf, seiner Schule oder seiner Gemeinde gegenüber auch nur geringfügig beeinträchtigt.

6 – Der Funkamateur ist ein Patriot

Mit seinen Kenntnissen und seiner Station repräsentiert er sein Vaterland und seine Gemeinschaft und ist jederzeit zu einem Dienst an diesen bereit.

Obwohl seit dem Aufstellen dieser Regeln Jahrzehnte vergingen, werden sie bis jetzt in jedem Handbook der ARRL abgedruckt und haben für kein Mitglied der Gemeinschaft der Funkamateure ihre Bedeutung verloren.

Ganz im Gegenteil – die stetig wachsende Gemeinschaft der Funkamateure muß weitaus mehr als es früher in Anbetracht der damals geringeren Belastung unserer Bänder nötig war, sich der Regeln der Freundlichkeit, des Anstandes und der Hilfsbereitschaft befleißigen, gepaart mit einer ehrlichen Verständnisbereitschaft für die Belange anderer Funkamateure. Nur so können wir in unseren Bändern „leben", bei einer gewaltigen Belegung unserer Frequenzen und den – leider – unvermeidbaren Störungen.

Eine Art des Dankes, der Bestätigung eines QSO ist die sogenante

QSL-Karte.

Inwieweit es sinnvoll ist, QSO mit QSL-Karten zu bestätigen, hängt von den Umständen ab. Es muß jeweils von Fall zu Fall entschieden werden.

Offensichtlich ist die Praxis so, daß Erstverbindungen und DX-Verbindungen immer bestätigt werden sollten, während man z.B. lokale oder oft wiederholte Verbindungen in der Regel – schon wegen der immensen Belastung der QSL-Büros – unterlassen sollte.

Als feste Regel sollte jedoch gelten, stets dann die QSL-Karte zu schicken, wenn man darum gebeten wird! Zwecks behördlicher Anerkennung wollen wir dazu übergehen, die QSL-Karte als Datenträger zu deklarieren, um zu vermeiden, daß sie, wie bisher häufig, als Gruß-Postkarte mißverstanden wird.

Die Diplom-Interessen-Gemeinschaft, kurz DIG, hat Regeln aufgestellt, wie eine QSL-Karte auszufüllen ist. Es muß gleich vorab gesagt werden, daß diese Regeln für manche Zwecke nicht ausreichen. Sie reichen lediglich zum Erwerb mancher bekannter Diplome, vorwiegend jener, die von der DIG anerkannt werden, aus.

Das Schema sieht so aus:

To Amateur Radio		
DL Ø AF		
Confirming our QSO/ur SWL report:		
Day	Date Month Year	UTC
24	02 1981	10.12

Two Way QSO in	MHz	Ur Signal R S T
CW	7	5 8 9

TNX FR NICE QSO ES HPE CUAGN.
PSE QSL! 73

Otto

Dazu heißt es:

Die QSL-Karte **muß** enthalten:

1. Call der Gegenstation
2. Das QSO-Datum
3. Die Uhrzeit in UTC
4. Die Betriebsart, in der das QSO abgewickelt wurde.
5. Das Frequenzband oder die genaue QRG, auf der das QSO abgewickelt wurde.
6. Den QSO-Rapport im RST-System
7. Unterschrift des Operators.

Soweit die Praxis der DIG, die für den Diplom-Erwerb so vorgeschrieben wird.

Dazu ist allerdings noch zu sagen, daß für manche Diplome noch zusätzliche Bedingungen erforderlich sind (z. B. die Angabe des DOK für das DLD).

Ferner wird man – oft auch bei DX-Stationen und Expeditionen oder bei massenhafter Contest-QSL-Abwicklungen – finden, daß lediglich der Name der OP eingedruckt ist, jedoch keine handgefertigte Unterschrift vorliegt.

Bevor das Vorliegende näher besprochen wird:
Über den Geschmack kann man nicht streiten!
Man könnte dazu sagen: Auch nicht über die Geldbörse!

Damit soll klar ausgedrückt werden, daß die Gestaltung einer QSL-Karte dem Geschmack des Stationsinhabers überlassen ist, seinen Möglichkeiten kleinen oder großen Aufwand zu treiben. Es ist ihm überlassen, ob er eine Karte humorvoll (wobei hier nicht zu diskutieren ist, was für witzig gehalten werden kann) oder ernst oder repräsentativ gestaltet.

Es sollen aber, die Regeln der DIG durchaus beachtend, Grundsätze aufgestellt werden:

1) Die QSL-Karte (weiter nur Karte) muß zunächst, **deutlich sichtbar**, das eigene Rufzeichen enthalten.

2) Die Bezeichnung des Landes ist anzugeben, und zwar nicht in Kürzeln, z. B. BRD oder FRG , da sie einmal nicht im amtlichen Sprachgebrauch üblich sind und zweitens, was wichtiger ist, nicht weltweit verstanden werden. Korrekt wäre es Federal Republic of Germany zu drucken, einprägsam, bekannt und einfach ist GERMANY oder auch F.R. GERMANY.

3) Das Call der Gegenstation steht in einer entsprechenden Rubrik oder Zeile. Auf einfachen Karten (also nicht zweiseitig bedruckten) kommt das Call umseitig noch einmal ins rechte obere Eck, für die QSL-Vermittlung. Wenigstens diese Eintragungen deutlich schreiben. Auf richtige Schreibweise von I, J, Y und Q achten!

4) DAS QSO Datum eintragen. Die in Deutschland übliche Schreibweise ist das in Zahlen ausgeschriebene sogenannte „steigende" Datum:
a) 24. 02. 1981

Leider ist dies manchmal mißverständlich, denn in den englischsprachigen Ländern sind folgende Schreibweisen möglich:
b) FEB 24, 1981
oder
c) 1981, FEB 24.

Dazu kommt, daß in manchen europäischen Ländern gemäß eines internationalen Normvorschlages die sogenannte „fallende" Datumangabe obligatorisch wurde (Schweden, Österreich):

d) 1981 – 02 – 24.

Um nun alle Mißverständnisse zu beseitigen, werden folgende Schreibweisen **empfohlen**:

24-FEB-81
(oder auch 81-FEB-24), alternativ dazu:
24-FEB-1981,
(oder 1981-FEB-24).

Die Betonung in dieser Empfehlung liegt also in der Ausschreibung des Monats als Abkürzung, nicht als Zahl, wobei wohl allgemein die Anhänger des „steigenden" Datums überwiegen.

Hier die Monatsabkürzungen international, in Klammern deutsche Abweichungen.

JAN	MAY(MAI)	SEP
FEB	JUN	OCT(OKT)
MAR(MRZ)	JUL	NOV
APR	AUG	DEC(DEZ)

5) Die Zeitangabe **muß** immer in Universal-Zeit = UTC gemacht werden. Dieser Zeit entsprechen die ältere Bezeichnung GMT (= Greenwich Mean Time), was ein nostalgischer Ausdruck ist, ferner die in manchen Branchen verwendete Bezeichnung Z-Time (= Zero Time, Nullzeit).

Andere Zeitangaben, besonders in „ausgefallenen" Zeiten wie Sommerzeit, Atlantic Time usw., sind ein Unfug!

6) Die Betriebsartbezeichnung.

Es gäbe hier zwar die Möglichkeit, diese offiziell zu beschreiben: A 1 A, A3j usw. Man kann aber bei den verständlicheren Amateurbegriffen bleiben, zumindest bei den „üblichen" Betriebarten: **CW, SSB** und **FM.**

7) Allgemein gilt die Angabe des Frequenzbandes als ausreichend für die QRG-Angabe: also z. B. 3,5 MHz, 20 m, 21 MHz etc. Manchmal wäre es angebracht, für Sonderzwecke genauere Angaben zu machen. In manchen Ländern, z. B. in Österreich, ist die genauere Angabe vorgeschrieben, z. B. 7,02 MHz.

8) Rapport: Zumindest für Diplome wird die Eintragung von RST-Rapporten zur Pflicht gemacht. Die Art und Weise, wie diese Reporte aufzustellen sind, findet man an anderer Stelle in diesem Buch. Eintragung also in RST, bei Telefonie nur in RS.

9) Die Unterschrift.

Dazu wurde bereits etwas bemerkt. Auch wenn man beabsichtigt, der Unterschriftaufforderung zu folgen: In jedem Falle ist es gut, Namen und Anschrift eindrucken zu lassen.

10) Die DIG verlangt das zwar nicht, aber es sollte **selbstverständlich** sein, eine Zeile für Stationsangaben und eine Zeile für die Antenne freizulassen. Amateure, die mit einer Station lange zu arbeiten gedenken, lassen sich oft diese Angaben eindrucken. Zumindest eine Leistungsangabe in INPUT, oder besser noch in OUTPUT, oder PWR sollte schon deshalb vorhanden sein, weil z. B. manche OM an QRP-Diplomen arbeiten oder QRP-Gemeinschaften angehören. Auch die Angabe der Antenne ist interessant. Diese Sachen sollen weder eine Reklame für Gerätehersteller sein, noch eine „Angeberei". Sie sollen dem Vergleich dienen und sind informativ.

Otto A. Wiesner, DJ5QK

Der Contest

1. Plädoyer für den Contest

Geboren wurde der Amateurfunk durch die Begeisterung über die neuentdeckten Möglichkeiten der drahtlosen Nachrichtenübermittlung. Man wollte selbst herausfinden, was es mit der Hochfrequenz auf sich hat. Die Experimente mit selbstgebauten Geräten begannen. Jede Funkverbindung, jede Empfangsmeldung waren eine Auskunft über die Leistungsfähigkeit der erbauten Anlage.

Die unterschiedlichen Erfolge beim Aufbau einer Station und in der Weiterentwicklung der eigenen Betriebstechnik haben später zum Contest, dem sportlichen Vergleich der Leistungsfähigkeit von Amateurfunkstationen, geführt.

Immer noch sind bei Funkwettbewerben die technische Ausrüstung und die Betriebstechnik gleichgewichtige Faktoren für den Erfolg. Da in einer Amateurfunkstation heute nur noch wenige Geräte selbstgebaut sind, liegt das erforderliche Geschick auf technischer Seite nicht zuletzt im Sachverstand bei Auswahl und Zusammenstellung der Geräte. Sicher spielen dabei auch die Finanzen eine entscheidende Rolle. Wer in einem großen Contest auf den ersten Plätzen landen möchte, muß mehr und besseres Material kaufen als der Durchschnittsamateur. Das wird manchen Funker entmutigen, und er wird daher vielleicht Funkwettbewerbe ablehnen. Andere jedoch, die das Erlebnis Contest entdeckt haben, finden einen Ausweg. Sie engagieren sich in weniger belebten Wertungen, kämpfen um gute Plätze im Mittelfeld oder schließen sich einer Gruppe an. Neben dem geteilten Einsatz für eine gute Amateurfunkstation findet man hier auch Spaß an der Zusammenarbeit und damit am gemeinsamen Erlebnis.

Um keinen falschen Eindruck zu erwecken: Conteste durchzuführen ist weit entfernt vom „Steckdosen-Amateurfunk". Niemand wird mit soviel Einsatz basteln, wie ein Contester, der mit einem Umbau, einem Zusatzgerät oder einer neuentdeckten Antenne größere Chancen beim nächsten Contest sieht.

2. Das Contest-QSO

Ziel einer Verbindung im Wettbewerb ist es, die Informationen, die zur Wertung dieser Verbindung für beide Stationen führen, so schnell als möglich sicher auszutauschen. Voraussetzung ist ein sauberer und sicherer Gebestil. Die Gebegeschwindigkeit ist von untergeordneter Bedeutung. Wichtig ist starke Konzentration, um ohne unnötige Zeichen und Wiederholungen zu arbeiten. Nur der Anfänger tastet so schnell wie möglich, wobei zwangsläufig Unsicherheiten auftreten, die Wiederholungen erfordern. Seine ganze Aufmerksamkeit gilt dem Tasten, so daß ihm Floskeln aus Standard-QSO's einfließen, die ihn und seinen Partner nur aufhalten.

Stationen, die ein starkes Signal haben oder ein seltenes Rufzeichen, werden CQ rufen, weil sie so ihre Punkte schnell zusammenbekommen. Andere werden suchen und anrufen.

Im folgenden Beispiel ruft DK6QI, und die anderen antworten ihm:

DK6QI: cq test de dk6qi k

(1) DK1PD: dk6qi de dk1pd k
    DK6QI: dk1pd 599061 k
    DK1PD: de dk1pd 599023 k
    DK6QI: r dk6qi sk

(2) DL7ZN: dl7zn
    DK6QI: dl7zn 599062
    DL7ZN: 599053
    DK6QI: r dk6qi

(3) DL7XB: dk6qi de dl7xb qrs k
    DK6QI: dl7xb 599063 k
    DL7XB: nr? k
    DK6QI: 063 k
    DL7XB: r 599016 k
    DK6QI: r gl dk6qi

(4) DK5GB: de dk5gb
    DK6QI: dk5zb 599064
    DK5GB: cor dk5gb 599072
    DK6QI: dk5gb r

Diese vier Verbindungen sind zeitlich direkt hintereinander auf einer Frequenz vorstellbar. Sie sollen den richtigen Weg aufzeigen. In der ersten Weise wird man vorgehen, wenn man besondere Sicherheit wünscht, so z. B., um auf einer gestörten Frequenz sicher zu sein, auch als Partner gemeint zu sein. Auch wer neu ist im „Contest-Geschäft", wird diese ausführliche Form wählen.

Das zweite Beispiel stellt das Minimum dar, mit dem man auskommen kann. Diese Technik hört man in pile-ups recht häufig. Mehrere Stationen können gerufen haben. Wem die ausgegebene Nummer gilt, muß also durchgegeben werden. Durch das r erfährt DL7ZN, daß die Zahlengruppe richtig empfangen wurde und damit die Verbindung gewertet werden kann. Das Rufzeichen danach ist schon nicht mehr Bestandteil der Verbindung. Es zeigt, wer auf der Frequenz gerufen werden möchte.

Im dritten Fall ist geschildert, wie besondere Nachfragen und Aufforderungen untergebracht werden können. Keine unnötigen Begründungen hindern den Ablauf. Klar, daß DK6QI langsam antwortet.

Das vierte Beispiel zeigt, wie man Fehler berichten kann. Wichtig für den CQ-Rufer ist der flüssige Ablauf. Jede Holprigkeit und Unsicherheit verprellt Anrufer. Nachfragen sollten immer gezielt erfolgen, wobei man aufgenommene Informationen verwertet. Statt QRZ? immer bereits verstandene Zeichen einfließen lassen, also 3BZ?. Statt einfach AGN besser CL? oder CALL?, RST?, NR?, ZONE? und PWR?.

3. Die Vorbereitungen

Jeder Contest wird von einer Organisation, die mit dem Amateurfunk zu tun hat, ausgeschrieben und später ausgewertet. Bei diesen Organisationen erhält man wesentlich ausführlichere Unterlagen, als sie beispielsweise in der cq-Dl veröffentlicht werden. Man erfährt hier, ob es möglich ist, einen weiteren Sender aufzubauen, mehrere Empfänger zu betreiben oder sich an UKW-Netzen zu beteiligen, die auf wichtige Stationen im Band aufmerksam machen. Auch die eigene Auswertung, also die Errechnung der Endpunktzahl, wird hier genau beschrieben.

Es lohnt sich, diese Ausschreibung genau zu studieren, um im Stationsaufbau und in der Betriebstechnik das abgesteckte Betätigungsfeld so gut wie möglich auszufüllen. Jetzt muß auch überlegt werden, welche Bänder man zu welcher Zeit einschalten möchte, zu welcher Zeit man lieber neue Länder und wann man möglichst viele Verbindungen sucht. Wann und wo erreiche ich Stationen, die im Endergebnis möglichst viel einbringen?

Auch zur schriftlichen Abwicklung gibt es Vorbereitungen. Ein passendes Logbuch muß gefunden werden. Im Verlauf des Wettbewerbs hat man wenig Zeit für die erforderlichen Eintragungen. Viele Dinge kann man vor Beginn schreiben. Fraglich ist auch, ob zu jeder Verbindung jede Information festgehalten werden muß. Legt man die Technik der Logbuchführung vorher fest, so gehen viele Einzelheiten aus dem Zusammenhang hervor. Obwohl ein Contest-Logbuch meist erst einmal ins „Unreine" geschrieben wird, muß es leserlich sein und alle wichtigen Eintragungen, wie Bandwechsel, Datum, Stunde usw. enthalten. Später wird es sauber in die oftmals ausgegebenen Vordrucke übertragen und die Punktrechnung beigefügt.

Soll eine „Checkliste" geführt werden? Hiermit können doppelte Verbindungen ausgeschlossen werden. Es gibt hier die unterschiedlichsten Konzepte. In den meisten Fällen ist es günstig ein Blatt (ca. 400 mal 700 mm) für jedes Band zu benutzen. Man wird hier Spalten einrichten. Ein mögliches System sieht für jede Ziffer eine Spalte vor, wobei das Rufzeichen einer gearbeiteten Station in die Spalte mit der gleichen Ziffer unter Beachtung der alphabetischen Einordnung des Suffixes eingetragen wird. Man kann auch für häufige Prefixe Spalten vorsehen, in die man nur noch den Suffix einträgt. Die übrigen Rufzeichen kommen in eine oder mehrere Sammelspalten.

4. Die Auswertung

Jeder Contest hat seine speziellen Abrechnungsvorgänge. Bei VHF/UHF/SHF-Contesten ist die Summe der überbrückten Kilometer normalerweise das Endergebnis.

Bei Contesten im KW-Bereich ergibt sich das Endergebnis meist durch Multiplizieren der QSO-Punkte mit dem sogenannten Multiplikator. In wenigen Fällen wird dieses Multiplizieren für jedes Band durchgeführt und dann addiert. Meist multipliziert man die QSO-Punkte aller Bänder mit dem Gesamt-Multiplikator.

Die Punkte pro Verbindung hängen ab vom Kontinent, vom Land, vom Band oder ähnlichem.

Einen Multiplikator-Punkt, einfach Multi genannt, kann man sich meist dann gutschreiben, wenn man in einem Band ein neues Land erreicht hat. Aber gerade hier bestehen die unterschiedlichsten Regelungen.

Genaue Kenntnis der Ausschreibung ist wichtig. Viele Ausschreiber verlangen Einsendung auf speziellen Logblättern und ein spezielles Deckblatt.

Gerade, weil man vieles nicht prüfen kann, ist es Ehrensache, auch in Kleinigkeiten nicht zu pfuschen. Können Sie sich über einen ergaunerten Erfolg freuen? Suchen Sie sorgfältig Mehrfach-Verbindungen.

Auch wenn das Abschreiben des Log unangenehme Arbeit ist, schreiben Sie sorgfältig. Die endgültige Auswertung beim Ausschreiber ist sicher viel unangenehmer, und man tut die Arbeit dort zu Ihrem Vergnügen am Contest!

Klaus Moellmann, DK1PD

Amateurfunk-Netzverkehr

Einleitung

In den USA ist es seit Beginn des Amateurfunks ein Teil des Hobbys, Nachrichten in Form von Telegrammen auszutauschen. Hierzu treffen sich Funkamateure in regionalen und überregionalen Netzen. Drittenverkehr ist zugelassen, da in den USA der öffentliche Nachrichtenverkehr anders organisiert ist als in der Bundesrepublik Deutschland. Hier ist diese Form des Hobbys jedoch bisher vernachlässigt worden.

Häufig wird erklärt, der Amateurfunk sei für die Allgemeinheit auch deshalb nützlich, weil er in Notfällen ausgefallene Nachrichtenverbindungen ersetzen kann. Wer den Amateurfunk heutzutage beobachtet, kann leicht einsehen, welches Chaos entstehen könnte, wenn Funkamateure hierzulande dieser Situation einmal ernsthaft ausgesetzt wären.

In Europa haben sich in den letzten Jahren einige Funknetze gebildet, deren Mitglieder in dem Versuch, die eigene Betriebstechnik nach kommerziellen Maßstäben zu verbessern, sich die Aufgabe gesetzt haben, Nachrichten sicher auszutauschen. Sollte man hierbei weiterkommen, läßt sich absehen, daß der Amateurfunk in Katastrophenfällen eine echte Hilfe darstellen kann. Gewiß ist zunächst, daß das „Spielen" von Telegrammfunkverkehr – und mehr ist es ja erst einmal nicht – viel Spaß macht.

Die hier vorgestellte Betriebstechnik ist abgeleitet aus dem einschlägigen Verfahren der ARRL, das auch in Europa hauptsächlich angewendet wird. Es ist dem Betrieb anderer Funkdienste (z.B. VO Funk Seefunk) sehr ähnlich.

Amateurfunk ist ein Hobby. Den Status eines offiziellen Funkdienstes und damit den Anspruch auf Frequenzen können wir uns nur dann sichern, wenn wir zusätzlich zu unserem technischen Wissen auch unsere Betriebstechnik ständig verbessern und das bei anderen Funkdiensten übliche Niveau entwickeln.

Letzten Endes ist dies der Sinn dieser Aktivitäten.

1. Allgemeines

Amateurfunknetze dienen dazu, den Nachrichtenaustausch zu üben und die Betriebstechnik der Beteiligten zu verbessern. Die Netze sollen so funktionieren, daß Nachrichten von einem Absender auf beliebigem Weg bei einer Amateurfunkstelle eintreffen, dort in eine geeignete Form gebracht, an eine andere Amateurfunkstelle weitergesandt und schließlich dem Empfänger zugeleitet werden können.

Um Verfälschungen des Nachrichteninhalts während der Übermittlung zu verhindern, werden die Nachrichten in einen Funkspruch (Telegramm) verpackt, dessen Inhalt der Absender bestimmt. Der Funkspruch selbst wird in unveränderter Form bis zum Empfänger durchgegeben.

Die jeweils aufnehmende Funkstelle bestätigt den Eingang des Funkspruchs, wenn dieser vollständig und zweifelsfrei so bei ihr vorliegt wie bei der sendenden Funkstelle. Hierzu können vor der Bestätigung Rückfragen, Wiederholungen, Teilwiederholungen und Berichtigungen vorgenommen werden.

Anruf, Rückfragen, Bestätigung usw. zählen zum Verständigungsverkehr, der zur Zeitersparnis beim Telegrafiefunk möglichst mit den zulässigen und vereinbarten Abkürzungen durchgeführt werden sollte.

Bemerkung:

Im Unterschied zu beispielsweise den USA ist der Inhalt von Nachrichten im Geltungsbereich des Amateurfunkgesetzes der Bundesrepublik Deutschland Einschränkungen unterworfen. So muß er, wenn zwischen beliebigen Absendern und Empfängern ausgetauscht, den Amateurfunk betreffen. Es dürfen auch persönliche Bemerkungen geringer Wichtigkeit übermittelt werden, wenn Empfänger und Absender Funkamateure und direkt im Netz erreichbar sind (Verbot des Drittenverkehrs; vergl. auch Punkt 13).

2. Leiten der Funksprüche

Funksprüche können von der Aufgabefunkstelle beispielsweise durch persönliches Erscheinen des Absenders, durch einen Brief oder per Telefon entgegengenommen werden. Sie können direkt an eine geeignete Funkstelle weitergeleitet werden, und man kann eine andere Funkstelle um Übermittlung (QSP) bitten. Ist der Funkspruch am Empfangsort oder in ausreichender Nähe desselben angekommen, ohne daß ein Weiterleiten per Amateurfunk in absehbarer Zeit möglich erscheint, kann ihn die Funkstelle, die ihn zuletzt bestätigt hat, beispielsweise durch persönliches Aushändigen, per Telefon oder mit einem Brief, dem Adressaten zustellen.

3. Abwicklung des Funkverkehrs

Die Netze treffen sich zu verabredeten Zeiten auf verabredeten Frequenzen. Eine bestimmte Funkstelle ist mit der Leitung des Funkverkehrs betraut (Leitfunkstelle). Alle Beteiligten verkehren nur mit der Leitfunkstelle und beachten deren Weisungen. Ist es günstiger, mit einer anderen als der Leitfunkstelle direkt zu verkehren und hierzu evtl. einen Frequenzwechsel vorzunehmen, ist vorher die Zustimmung der Leitfunkstelle einzuholen. Auf diese Weise behält die Leitfunkstelle den Überblick über den stattgefundenen Funkverkehr.

Eine Funkstelle, die am Netz teilnehmen möchte, meldet sich mit Rufzeichen und Standort bei der Leitfunkstelle an. Alle anderen Funkstellen achten darauf, welche Funkstellen an welchen Standorten am Funkverkehr teilnehmen. Eine Liste der Teilnehmer kann von der Leitfunkstelle erfragt werden.

Eine Funkstelle, der ein Telegramm vorliegt, ruft die Leitfunkstelle an und meldet dies, sofern kein anderer Funkverkehr läuft. Die Leitfunkstelle meldet dann ihre Bereitschaft, das Telegramm entgegenzunehmen. Die Übermittlung beginnt. Nach der Bestätigung gibt die Leitfunkstelle im Sprechfunk ENDE, in Telegrafie SK, gibt damit die Frequenz für weitere Anrufe frei und sendet dann das Telegramm an eine geeignete Funkstelle weiter. Vor dem Weitersenden erfolgen natürlich wieder Anruf und Bereiterklärung. Auf eine erneute Übermittlung kann verzichtet werden, wenn die beabsichtigte Empfangsstation das Telegramm bereits bei der ersten Übermittlung mitgeschrieben hat und es dadurch unmittelbar bestätigen kann.

4. Form der Funksprüche

Funksprüche bestehen aus **Spruchkopf,**
Adresse,
Text und evtl. einer
Unterschrift.

Im Spruchkopf stehen – in dieser Reihenfolge –

die **laufende Nummer** des abgehenden Spruches NR
die **Spruchart**
der **Sondervermerk** (nicht erforderlich)
die **Aufgabefunkstelle**
die **Zahl der Worte** im Text CK
der **Ursprungsort** des Spruches
die **Zeit** in UTC (nicht unbedingt erforderlich)
das **Datum** nach UTC

Es ist üblich die abgehenden Funksprüche per Jahr durchzunumerieren.

Die Spruchart ist im Regelfall R für Routine. Bei wirklichen Notfällen wird EMERGENCY eingesetzt.

Als Sondervermerk können bestimmte Abkürzungen eingesetzt werden, die die Behandlung des Spruches vorschreiben. Auf diesen Punkt soll wegen der geringen Bedeutung hier nicht weiter eingegangen werden.

Aufgabefunkstelle ist die Funkstelle, die den Spruch vom Absender entgegennimmt und den Spruchkopf zusammenstellt.

In die Wortzählung gehen alle Worte im Text ein. Als ein Wort zählen alle Gruppen aus Buchstaben, Ziffern und Zeichen, die durch Wortabstände getrennt sind. Die Wortzählung dient der Verbesserung der Übertragungssicherheit. Zeitraubende Diskussionen über die Wortzahl sollen nicht stattfinden. Ist die empfangende Funkstelle sicher, den Spruch richtig aufgenommen zu haben, so bestätigt sie. Stellt sich während der Weiterleitung heraus, daß die Wortzahl falsch ist, so fügt die weiterleitende Funkstelle die richtige Wortzahl mit einem Schrägstrich hinter der Original-Wortzahl ein. 10/9 bedeutet also: die ursprüngliche Wortzählung 10 wurde von einer weiterleitenden Funkstelle zu 9 berichtigt.

Der Ursprungsort des Funkspruches ist nicht unbedingt der Standort der Aufgabefunkstelle. Erreicht der Spruch die Aufgabefunkstelle z. B. per Brief, so ist der Aufgabeort des Briefes der Ursprungsort des Telegramms.

Die Zeit wird in UTC als vierstellige Gruppe eingesetzt. Ein Spruchkopf ohne Zeit ist zulässig, aber nicht empfehlenswert.

Datum ist das Datum bei Zeitrechnung in UTC. Die Jahreszahl wird nicht durchgegeben. Günstig ist die Verwendung der amerikanischen Monatsabkürzungen mit folgender zweistelliger Zahl für den Tag. (Jan, Feb, Mar, Apr, May, Jun, Jul, Aug, Sep, Oct, Nov, Dec).

5. Aufgabe eines Funkspruches

Datum und Uhrzeit bezeichnen den Zeitpunkt, zu dem ein Funktelegramm bzw. eine Nachricht bei der Aufgabefunkstelle eintrifft.

Der Spruchkopf wird von der Aufgabefunkstelle zusammengestellt. Der Spruchkopf dient dazu, bei Unklarheiten und Rückfragen sich auf einen bestimmten Spruch beziehen zu können. Weiterhin erhält der Empfänger wichtige Informationen über Alter, Aufgabeort usw. der Nachricht. Eine evtl. vermittelnde Funkstelle verändert den Spruchkopf nicht.

Adresse, Text und evtl. die Unterschrift bestimmt der Absender des Funkspruches. Dabei sollte die Aufgabefunkstelle den Absender beraten, mit welcher Sicherheit und in welcher Zeit sie den Funkspruch in Richtung Empfänger weiterleiten kann, denn sie weiß, welche Funkstellen zum Netz gehören und wessen Teilnahme zu erwarten ist. Die Beratung erstreckt sich auch auf das Abfassen der Adresse, die für eine sichere Zustellung des Funkspruches nötig ist.

Die Aufgabefunkstelle sollte dem Absender die Übermittlung erst dann zusagen, wenn sie sicher ist, daß ihr der Text vollständig und zweifelsfrei vorliegt. Auf Unklarheiten und Rechtschreibfehler ist zu achten. Nachträglich dürfen keine Veränderungen mehr vorgenommen werden.

Liegen Adresse, Text und evtl. Unterschrift vor, stellt die Aufgabefunkstelle den Spruchkopf zusammen und setzt den Spruch so bald wie möglich ab.

6. Telegrafiefunkverkehr

Im Telegrafiefunkverkehr beginnt ein Funkspruch mit dem Zeichen SPRUCHANFANG (-.-.-) und endet mit den Zeichen SPRUCHENDE (.-.-.), jeweils geschrieben als (+). Zwischen den Teilen eines Funkspruches stehen als Kennzeichnung der Absätze die Zeichen = (-...-, Trennungszeichen).

Um die Übermittlung gegen Entstellungen zu sichern, wird empfohlen, Satzzeichen und andere besondere Zeichen ausgeschrieben zu senden.

7. Beispiele

+ NR 157 R DK1PD 10 Essen 1130 Sep 10 =
Karl Mueller Carmestr 11 1000/Berlin/65 =
Im cq-dl 9/77 wird eine fuer dich geeignete Antenne beschrieben =
Walter Schwarz +

Dieses Telegramm aus Essen wurde bei DK1PD am 10. September um 1130 GMT aufgegeben. Es war das 157. Telegramm des Jahres.

+ NR 113 R DL7LH 7 Berlin 2230 Sep 13 =
DJ9NX =
Kommst du Montag zu unserem Treff Fragezeichen +

Zu beachten ist hier, daß die Adresse ein Rufzeichen ist, was zur Zustellung in vielen Fällen ausreicht. Eine Unterschrift wurde vom Absender nicht gewünscht.

+ NR 32 R DK6QI 5 Gescher 2130 Apr 12 =
Maier Berlin Tel 332211 =
Neuer SKED Freitag 1330 GMT =
Kurt +

Die Adresse ist hier ein Telefonanschluß.

8. Durchgeben eines Funkspruches

DK1PD de DL7LH qtc k
(DK1PD hier ist DL7LH, ich habe einen Funkspruch für Sie, kommen)

DK7LH de DK1PD qrv k
(DL7LH hier ist DK1PD, ich bin bereit, kommen)

-.-.- NR ... (Spruchkopf, Adresse, Text evtl. Unterschrift) .-.-. k
de DK1PD qsl nr ... sk
(hier ist DK1PD, ich bestätige Funkspruch Nummer ..., Ende)

Beim Durchgeben eines Funkspruches empfiehlt es sich, so häufig wie möglich zwischenzuhören, damit die empfangende Funkstelle eine Möglichkeit zur Unterbrechung und Rückfrage hat.

Möglichkeiten der Rückfrage:

QSM 3	Wiederholen Sie Funkspruch Nr. 3!
aa ...	alles nach ...
ab ...	alles vor ...
wa ...	Wort nach ...
wb ...	Wort vor ...
bn	Worte zwischen ... ...
pbl	Spruchkopf
ads	Adresse
txt	Text

sig	Unterschrift
nr	Spruchnummer
wds, ck	Wortzahl (check)
date	Datum
time	Zeit
rpt ...	Wiederholen Sie ...
cfm ...	Bestätigen Sie, daß ... richtig aufgenommen ist!
c	Ich bestätige? Ja!
cor	Berichtigen Sie ...
col	Vergleichen Sie ...
r	Ich bestätige Empfang

9. Erhöhung der Übermittlungssicherheit

Zeigt sich, daß die bei der Empfangsstation festgestellte Wortzahl mit der Angabe im Spruchkopf nicht übereinstimmt, besteht der Verdacht, daß bei der Übermittlung Worte verlorengingen. Hierauf gibt die Empfangsstation QTB und fordert damit die Sendestation auf, ihre Wortzählung zu überprüfen. Bei weiterer Unklarheit gibt die sendende oder die empfangende Funkstelle erneut QTB und dann die Anfangsbuchstaben aller Worte des Funkspruchs. Auf diese Weise kann festgestellt werden, welche Worte verlorengingen.

Eine zweite Möglichkeit ist, nach dem Ende eines Telegramms alle Wörter, die ungewöhnlich oder für den Sinn des Funkspruchs wichtig sind, zu wiederholen. Dazu gibt man nach dem Zeichen SPRUCHENDE (+) die Abkürzung für VERGLEICHUNG (col) sowie die kritischen Wörter in Reihenfolge ihres Auftretens und beendet die Wiederholung mit einem zweiten Zeichen SPRUCHENDE (+).

Innerhalb eines im Klartext vorliegenden Telegramms erscheinende Buchstaben-, Ziffern- und Zeichengruppen können von der Sendestation, wenn diese die Übermittlungssicherheit erhöhen will, unter Zwischenschaltung des Wiederholungszeichens (.. ..) wiederholt werden.

Beispiel: cq-dl 9/77 .. .. cq-dl 9/77

Die wiederholten Zeichen-, Ziffern- oder Buchstabengruppen gehen nur jeweils einfach in die Wortzahl ein.

10. Frequenzänderungen

Geht das gesamte Netz oder zwei oder mehr Stationen auf eine andere Frequenz, so lautet die Aufforderung zum Frequenzwechsel QSY.

Beispiel: QSY 3570   QSY 3 up

Soll eine einzelne Station zum Senden auf eine andere Frequenz gehen, weil sie beispielsweise neben der Netzfrequenz liegt oder auf der augenblicklichen Frequenz nicht aufgenommen werden kann, ohne die Empfangsfrequenz zu ändern, lautet die Aufforderung QSU.

Beispiel: QSU 3540   QSU 1 up   QSU 1 dwn

Abkürzungen:

QSY ...	Gehen Sie zum Senden und Empfangen auf ...
QSU ...	Gehen Sie zum Senden auf ...
QSW ...	Ich gehe zum Senden auf ...
QSX ...	Ich empfange auf ...

Weitere Abkürzungen, die neben den im Amateurfunk gebräuchlichen verwendet werden können:

QSV	Senden Sie eine Reihe V's
QRL	Ich bin beschäftigt
QRX	Ich rufe Sie wieder um ... GMT auf ... MHz
QRY	Sie sind als ... an der Reihe (QRY 3 = Sie sind als dritter an der Reihe)
QTU	Meine Funkstelle ist von ... UTC bis ... UTC geöffnet
QSO	Ich kann Verbindung aufnehmen mit ...
QSP	Ich kann vermitteln an ...
QSK	Ich kann zwischen meinen Zeichen hören (BK-Verkehr)
QSZ	Geben Sie jedes Wort zweimal
QSZ ...	Geben Sie jedes Wort ... mal
direct ...	Ich möchte direkt verkehren mit ... Verkehren Sie direkt mit ...

11. Betriebsgeschwindigkeit

Im Sinne eines flüssigen Funkverkehrs ist eine Telegrafiergeschwindigkeit von 100 BpM anzustreben. Auf jeden Fall stellt die Sendestation sich jedoch auf die Arbeitsgeschwindigkeit der Empfangsstation ein und kommt insbesondere der Aufforderung QRS (Senden Sie bitte langsamer!) nach. Es sollte nicht versucht werden, Rekorde zu brechen! Vielmehr wollen wir den Nachrichtenaustausch **sicher und zuverlässig** gestalten.

12. QN-Gruppen

Die QN-Gruppen sind spezielle ARRL-Abkürzungen für den Gebrauch in Amateurfunknetzen. QN-Gruppen werden immer ohne Fragezeichen verwendet, auch wenn die Bedeutung eine Frage beinhaltet.

QNA*	Antworten Sie in der festgelegten Reihenfolge
QNB*	Vermitteln Sie zwischen ... und ...

QNC	Ich habe eine Nachricht an alle
QND*	Das Netz wird von einer Leitfunkstelle geführt
QNE*	Alle Funkstellen Sendung einstellen und hören!
QNF	Netz arbeitet ohne Leitfunkstelle
QNG	Übernehmen Sie als Leitfunkstelle
QNH	Ihre Frequenz ist zu hoch
QNI	Netzteilnehmer bitte anmelden Ich melde mich ins Netz
QNJ	Können Sie mich aufnehmen? Können Sie ... aufnehmen?
QNK*	Senden Sie die Sprüche für ... an ...
QNL	Ihre Frequenz ist zu tief
QNM*	Sie stören das Netz. Stellen Sie die Sendung ein!
QNN	Leitfunkstelle ist ... Wer ist Leitfunkstelle?
QNO	Die Funkstelle verläßt das Netz
QNP	Ich kann Sie nicht aufnehmen Ich kann ... nicht aufnehmen
QNQ*	Wechseln Sie Ihre Frequenz auf ... und warten Sie auf ... für weitere Übermittlungen. Senden Sie Sprüche für ...
QNR*	Antworten Sie ... und nehmen Sie Funkverkehr entgegen
QNS	Folgende Stationen sind im Netz: ....
QNT	Ich bitte das Netz für ... Minuten verlassen zu dürfen
QNU*	Es liegt Funkverkehr für Sie vor, bleiben Sie auf Empfang
QNV*	Nehmen Sie Funkverbindung mit ... auf. Falls erfolgreich, wechseln Sie Ihre Frequenz auf ... und übermitteln Sie den Funkverkehr für ...
QNW	Wie leiten Sie den Funkverkehr weiter für ... ?
QNX	Sie können das Netz verlassen Darf ich das Netz verlassen?
QNY*	Wechseln Sie auf ... KHz, um die Übermittlung mit ... abzuschließen (auch ohne Frequenzangabe zulässig)
QNZ	Kommen Sie genau auf meine Frequenz

* nur von der Leitfunkstelle zu verwenden.

Autoren:

Klaus Moellmann, DK1PD
Uli Heuberger, DJ9NX
Dieter Claus, DL7LH
Friedrich Wülfing, DK6QI

Amateurfunk-Spruch

Nummer	Vorrang/HX	Aufgabe FuSt	WDS	Aufgabeort	Zeit	Datum
+ nr						=
ADS						=
TXT						
wann?						
was?						
wer?						
wie?						
wo?						=
SIG						+
col						+

	FuSt	Zeit	Datum	Signum
aufgenommen von				
übermittelt an				

Der ARRL-Schlüssel

Der ARRL-Schlüssel dient zur schnellen Übermittlung von Nachrichten, Glückwünschen usw.; dazu werden häufig gebrauchte Ausdrücke durch eine Zahl ersetzt:

I. Katastrophen

1 alles gesund, vom Unglück nicht betroffen
2 komme sobald als möglich nach Hause
3 ich bin wohlauf, ängstige Dich nicht
4 hier alles gesund, nur leichter Sachschaden
5 alles gesund, Grüße an alle
6 alles gesund, schreibe bald
7 Antwort durch Amateur-Radio
8 alles gesund, schreibe bald, Grüße
9 komme sofort nach Hause
10 bin zu Hause, so bald es die Umstände erlauben
11 kann nicht nach Hause gehen, bin wohlauf; komme, so bald es die Umstände erlauben
12 bist Du gesund? Bin begierig, etwas von Dir zu hören
13 ist . . . gesund? Erwarte Antwort
14 bitte um Nachricht, ob alles in Ordnung ist
15 gib sofort Nachricht, wenn Du Hilfe benötigst
16 bitte um Nachricht über Dein Befinden
17 nehmen Sie bitte Fühlung mit uns auf
18 bitte um Anruf, so bald als möglich

II. Danksagungen und Glückwünsche

20 es war eine schöne Zeit, ich danke dafür
21 Ihr Geschenk wird sehr geschätzt, ich danke dafür
22 danke für Ihre guten Wünsche, ich freute mich, von Ihnen zu hören
23 Ihr Amateur-Telegramm hat mich sehr gefreut, vielen Dank
24 sehr erfreut über Ihren Brief, vielen Dank
25 sehr erfreut über Ihr Paket, vielen Dank
26 freue mich über die gute Nachricht
27 herzlichen Glückwunsch zur Beförderung
28 herzlichen Glückwunsch zur Wahl
29 Ihre Anordnung dankend erhalten; wird sofort erledigt

III. Jahrestage

31 herzlichsten Glückwunsch zu Ihrem Hochzeitsjubiläum
32 Grüße und beste Wünsche zum Jubiäum
33 Grüße und beste Wünsche zu Ihrem heutigen Jubiläum
34 ich wünsche, ich könnte bei Ihnen sein

35 ich wünsche, wir könnten bei Ihnen sein
36 ich wünsche, Sie könnten bei uns sein
37 ich wünsche Ihnen Glück

IV. Hochzeiten und Geburtstage

40 Glückwünsche, verbunden mit den besten Wünschen für Gesundheit, Glück, Wohlergehen
41 alles Gute, herzliche Glückwünsche und Wünsche für Euer gemeinsames Glück
44 herzliche Glückwünsche zum Geburtstag
45 möge dieser glücklich Tag noch recht oft wiederkehren
46 Grüße an Ihrem Geburtstag und Wünsche für seine oftmalige Wiederkehr
47 Glückwünsche und gute Wünsche an Ihrem Geburtstag

V. Periodische Glückwünsche und allgemeine Grüße

50 Grüße über Amateur-Radio
51 Grüße und die besten Wünsche
52 Grüße und gute Wünsche; ich denke an diesen Tag immer wieder an Sie
53 beste Wünsche für einen Thanks-giving-day voller Freude und Glück
54 Hals- und Beinbruch; wir sind in Gedanken bei Ihnen; hoffentlich gewinnen Sie
55 glückliche Weihnachten und ein frohes Neues Jahr
56 die besten Wünsche für ein glückliches Weihnachten
57 ich wünsche Ihnen die schönsten Weihnachten, die Sie je erlebt haben
58 ich wünsche Ihnen ein sehr glückliches Weihnachtsfest und ein fröhliches Neues Jahr
59 fröhliche Weihnachten von Haus zu Haus
60 Glück, Gesundheit und Segen im neuen Jahr
61 Grüße und beste Wünsche für ein frohes Weihnachten und ein glückliches neues Jahr
62 Grüße und beste Wünsche zum Jahreswechsel
63 herzliche Wünsche für Gesundheit, Glück und Wohlergehen
64 bei dieser Gelegenheit die besten Wünsche für Gesundheit, Glück und Wohlergehen
65 am heutigen Thanks-giving-day die besten Wünsche für Gesundheit, Glück und Wohlergehen
66 zu Weihnachten die besten Wünsche für Gesundheit, Glück und Wohlergehen
67 zu Ostern die besten Wünsche für Gesundheit, Glück und Wohlergehen
70 glückliche Reise!
71 habe schon lange nichts mehr von Ihnen gehört. Bitte schreiben Sie bald oder antworten Sie über Amateur-Radio

Quelle: Schips & Ißler, Taschenbuch 1953:/

13. Auszüge aus den gesetzlichen Bestimmungen

GESETZ ÜBER DEN AMATEURFUNK
vom 14. März 1949

Der Wirtschaftsrat hat das folgende Gesetz beschlossen:

§ 1

(1) Funkamateure können eine Funkstation errichten und betreiben. Sie bedürfen hierzu sowie zur Mitbenutzung einer Amateurfunkstation einer Genehmigung.

(2) Funkamateur ist, wer sich lediglich aus persönlicher Neigung und nicht in Verfolgung anderer, z. B. wirtschaftlicher oder politischer Zwecke mit Funktechnik und Funkbetrieb befaßt.

(3) Eine Amateurfunkstation ist eine von einem Funkamateur betriebene Funkstelle im Sinne des Art. 42 des Weltnachrichtenvertrages von Atlantic City 1947*).

Wortlaut
Der Verordnung zur Durchführung des Gesetzes
über den Amateurfunk
vom 13. März 1967

in der durch die Zweite Verordnung zur Änderung der Verordnung zur Durchführung des Gesetzes über den Amateurfunk vom 11. Dezember 1981 geänderten, vom 1. Januar 1982 an geltenden Fassung:

§ 7
Inhalt der Sendungen

(1) Der Amateurfunkverkehr ist in offener Sprache abzuwickeln. Der internationale Amateurschlüssel und die international gebräuchlichen Betriebsabkürzungen gelten als offene Sprache.

(2) Die Sendungen sind auf technische Mitteilungen über die Versuche selbst sowie auf Bemerkungen persönlicher Art zu beschränken, für die wegen ihrer geringen Wichtigkeit die Übermittlung im öffentlichen Fernmeldedienst nicht in Betracht kommen würde.

(3) Sofern die Amateurfunkstelle am Internationalen Katastrophenverkehr teilnimmt, entfallen die Beschränkungen des Absatzes 2.

---

*) Überholt durch Neufassung der Vollzugsordnung für den Funkdienst (VO Funk) zum Internationalen Fernmeldevertrag, Genf, – Ausgabe 1982 – „Artikel 32 – Amateurfunkstellen".

§ 8
Nichtzugelassene Sendungen und Verbindungen mit anderen Fernmeldeanlagen

(1) Verboten ist im Amateurfunkverkehr

1. der Austausch von nicht den Amateurfunk betreffenden Nachrichten, die von dritten Personen ausgehen oder für dritte Personen bestimmt sind, ausgenommen Notrufe und Funkverkehr nach § 7 Abs. 3;
2. die Übermittlung von Nachrichten, deren Inhalt gegen ein Gesetz verstößt oder die öffentliche Sicherheit oder Ordnung gefährdet;
3. die Verwendung anstößiger oder beleidigender Äußerungen;
4. der Verkehr mit nichtgenehmigten Funkstellen;
5. der Gebrauch der internationalen Notzeichen „SOS" oder "MAYDAY";
6. das Aussenden von Musik, rundfunkähnlichen Darbietungen und jeglicher Werbung; die Sendung von Tonfolgen ist lediglich zu Kontroll und Meßzwecken mit einer Dauer von höchstens zwei Minuten gestattet;
7. das Aussenden irreführender Signale oder falscher Rufzeichen;
8. die Übermittlung des nichtöffentlich gesprochenen Wortes eines Dritten.

(2) Die Ausstrahlung des unmodulierten oder ungetasteten Trägers ist nur kurzzeitig und nur für Versuche oder nur zur Abstimmung zulässig.

(3) Abgleicharbeiten und Messungen an Sendern sind an einem Abschlußwiderstand („künstliche Antenne") durchzuführen.

(4) Eine Amateurfunkstelle darf mit anderen Fernmeldeanlagen weder auf elektrischem noch auf akustischem Wege verbunden werden.

(5) Der Betrieb einer Amateurfunkstelle als Relaisfunkstelle ist nur auf Grund einer Genehmigung nach § 4b Abs. 1 gestattet.

Betriebstechnik bei CW-Meteor-Scatter-QSOs

Einleitung

In dem Bestreben, Amateurfunk-Telegraphie-Verbindungen über Reflexionen an Meteorbahnen zu vereinfachen und zu beschleunigen, wurden auf der IARU Region I Division Konferenz vom 24. bis 28. April 1978 in Miskolc-Tapolca vereinheitlichende Vereinbarungen getroffen, die die aufgrund der nur über eine kurze Zeitspanne auftretenden Reflexionen erforderliche besondere Betriebstechnik betreffen.

1. Sende- und Empfangsperioden

Alle in der gleichen Gegend wohnenden Meteor-Scatter OPs sollten sich dahingehend absprechen, in der gleichen Periode zu senden, um gegenseitige Störungen zu vermeiden. Die Periodendauer beträgt bei CW-MS-QSO 5 Minuten. Es können jedoch auch andere Sequenzen abgesprochen werden.

Nach Norden und nach Westen gerichtete Sendungen sollten möglichst während der ungeradzahligen Perioden getätigt werden, ausgehend von der vollen Stunde. Dagegen sollte Richtung Süden und Osten in den geradzahligen Perioden gesendet werden. Die im vorhergehenden Absatz genannten lokalen Vereinbarungen haben jedoch Vorrang.

Bei der Verabredung von MS-Tests sollten geradzahlige Stunden gewählt werden, z. B. 0000–0200 oder 0200–0400 UTC und nicht z. B. 0300–0500 UTC. Dadurch wird die Betriebszeit einheitlich eingeteilt, und bei random QSO ist ersichtlich, wie lange der OP noch bis zum nächsten Sked Zeit hat.

2. Frequenz

Bei verabredeten MS-Tests sollten Anruffrequenzen und dergleichen gemieden werden. Die Frequenzen für unverabredete MS-QSO (CW) sind:

144,100 MHz bis 144,126 MHz für 5 Minuten Perioden und
144,145 MHz bis 144,150 MHz für 1 minütige Perioden.

3. Geschwindigkeit

Zur Zeit finden Tastgeschwindigkeiten bis zu 2000 BpM Anwendung, wobei das Gros bei 500 BpM liegt. Die Geschwindigkeit sollte bei der Verabredung der Tests festgelegt werden, damit die Möglichkeiten des Einzelnen nicht überschritten werden (Geschwindigkeitsbereich des vorhandenen Tonbandgeräts), denn zur Aufnahme von z. B. 1000 BpM werden die meisten von uns wohl ein Tonbandgerät mit 4 Geschwindigkeiten benötigen (= 125 BpM).

4. Anruf

Das MS-QSO beginnt damit, daß die lt. Verabredung erstsendende Station die Andere ruft.

z. B.: UA3ABC DL1AA UA3ABC DL1AA usw.

Die Abkürzung „de" wird weggelassen, da sie ohnehin keine Information enthält. Beabsichtigt man eine unverabredete Verbindung zu tätigen, so lautet der Anruf z. B.:

CQ DL1AA CQ DL1AA CQ DL1AA usw.

5. Rapport

Der MS-Rapport besteht aus nur 2 Ziffern. Die erste Ziffer (2-5) beurteilt die Länge der Reflexionen, die zweite Ziffer (6-9) die Lautstärke.

1. Ziffer: 2 = Bursts bis zu 5 Sek. lang
3 = Bursts 5 – 20 Sek. lang
4 = Bursts 20 – 120 Sek. lang
5 = Bursts länger als 120 Sek.
2. Ziffer: 6 = S2 – S3
7 = S4 – S5
8 = S6 – S7
9 = S8 – S9.

6. Verfahren

Ein Rapport darf erst dann ausgegeben werden, wenn man sicher ist, eines der beiden Rufzeichen oder Teile davon identifiziert zu haben. Der Rapport sieht dann z. B. so aus:

UA3ABC DL1AA 26 26 UA3ABC DL1AA 26 26 usw.

Der Raport wird für die Dauer des QSO beibehalten, auch wenn sich die Signalstärke ändern sollte.

Empfängt eine der beiden Stationen Rufzeichen und Rapport (alle Buchstaben beider Rufzeichen sowie den vollständigen Rapport), dann darf sie die Bestätigung senden, indem dem Rapport für die Gegenstation ein „R" hinzugefügt wird:

UA3ABC DL1AA R26 R26 UA3ABC DL1AA R26 R26 usw.

Hat das Rufzeichen der bestätigenden Station als letzten Buchstaben ein R, sieht die Bestätigung wie folgt aus:

UA3ABC PAØRDR RR26 RR26 UA3ABC PAØRDR RR26 RR26 usw.

Sobald eine der beiden Stationen eine Bestätigung empfängt und auch die anderen notwendigen Informationen empfangen wurden, sendet sie eine Kette R, wobei das eigene Rufzeichen nach jedem achten R zu senden ist:

RRRRRRRRDL1AARRRRRRRRDL1AARRRRRRRRDL1AA usw.

Für ein komplettes QSO müssen beide Stationen beide Rufzeichen, den Rapport sowie ein „R" empfangen haben, zur Bestätigung, daß auch die Gegenstation sämtliche Informationen erhalten hat.

7. Fehlende Information

Werden Bestätigung und Rapport im Frühstadium eines QSO empfangen, hat die Gegenstation die von ihr benötigten Informationen. Folgende Texte können gesendet werden, um fehlende Informationen zu erfragen:

BBB . . . . beide Rufzeichen fehlen
MMM . . . . mein Rufzeichen fehlt
YYY . . . . Ihr Rufzeichen fehlt
SSS . . . . Rapport fehlt
OOO . . . . alle Informationen inkomplett.

Die Gegenstation sollte jetzt die gewünschte Information senden. Dieses Verfahren sollte jedoch nur mit äußerster Vorsicht angewendet werden, um Verwirrungen zu vermeiden.

8. QSO-Dauer

Im Normalfall wird ein MS-QSO für die Dauer von 2 Stunden verabredet, jedoch sind längere QSO möglich, sofern sie nicht unterbrochen werden. Es ist nicht statthaft, ein MS-QSO morgens um 0400 UTC anzufangen, um 0600 UTC zu unterbrechen und es dann abends um 1800 UTC fortzusetzen.

9. Allgemeines

Bei der Verabredung eines MS-QSO sollten, sofern vorhanden, die Telefonnummern ausgetauscht werden, damit man im Verhinderungsfall seinen Sked-Partner informieren kann. Wer sitzt schon gerne 2 Stunden umsonst an der Station? Es versteht sich von selbst, daß man nach all diesem Aufwand die QSL direkt an den Mann bringt. Verabredungen zu MS-Skeds trifft man schriftlich oder auf der Frequenz des „European VHF-Net", 14.345 MHz ± QRM. Zur erforderlichen Stationsausrüstung wäre zu bemerken, daß die Frequenzgenauigkeit (nicht zu verwechseln mit der Ablesegenauigkeit, hi) besser als 1 kHz sein sollte. Mit einer Senderausgangsleistung von 100 W und einem Antennengewinn von 13 dB lassen sich selbst über sporadische Meteoriten problemlos MS-QSO abwickeln.

Quelle:

IARU Region I document M/T 28 amended

Autor: Edmund Ramm, DK3UZ

QRP — Faszination mit Sendern kleiner Leistung

Jeder Funkamateur hat nach seinem erfolgreichen Abschluß seiner Lizenzprüfung das Bestreben, sich eine leistungsfähige Amateurfunkstation aufzubauen. Nicht zuletzt durch die Art der Lizenzklasse beschränkt, versucht der durchschnittliche Amateur, die maximale Sendeleistung seines Senders zu erreichen. Wenn nicht absehbare Grenzen nach oben durch den Gesetzgeber vorgegeben sind, so beschränkt in den meisten Fällen die technische Leistungsfähigkeit der Endröhre oder des -transistors eine willkürliche Steigerung der abgestrahlten Hochfrequenzleistung in unserer schier zu jeder Tageszeit erreichbaren Welt. Der Drang nach dem immer mehr werdenden und perfekteren Dasein im Leben eines Funkamateurs läßt nach längerer Zeit jeden Reiz seines Hobbys verlieren, wenn nicht neue oder gar andersartige Entfaltungsmöglichkeiten im Rahmen des Amateurfunks ergründet werden.

Wie jeder wohl weiß oder gar selbst betreibt, haben sich die Funkamateure einer oder gar mehreren Neigungen bei der Ausübung ihres Hobbys verschrieben. Je nach Interessenlage jedes einzelnen übt man z. B. mehr oder weniger verschiedene Betriebsarten auf unterschiedlichen Bändern aus. Dabei ist die wahllose Kombination der einzelnen Tätigkeiten bis ins Vielfache unbeschränkt: Fonie auf Kurzwelle, SSB-Technik auf 2 m, FM auf UKW, RTTY auf allen Bändern, SSTV auf 20 m, AFu-Fernsehen auf 70 cm. Bisher erwähnt wurde in diesem Absatz noch nicht die älteste und wichtigste Betriebsart, der wir eigentlich unsere Daseinsberechtigung verdanken, nämlich Telegrafie oder auch CW (continous waves) genannt. Natürlich hat jeder Operator seine speziellen Neigungen zu CW. Sei es vielleicht dem Erwerb von Leistungsdiplomen nachzujagen oder gar an High-Speed Verbindungen teilzuhaben. Aber eines bleibt vor allem bei der Betriebsart Telegrafie noch offen, nämlich sich für QRP-CW Betrieb mit Hingabe zu begeistern.

Was heißt QRP?

Der Begriff „QRP" hat drei verschiedene Bedeutungen, die man als Funkamateur wissen muß. Wer die ersten zwei nicht schon während seiner Ausbildungszeit gelernt hat, dem seien sie hier nochmals kurz erklärt: Es gibt ein internationales Verzeichnis mit Abkürzungen oft gebrauchter Kürzel im Funkverkehr. Seien diese rein kommerzieller, militärischer oder amateurfunkdienstlicher Natur. Es sind die Q-Gruppen, von denen die meisten in diesem Buch aufgeführt sind. Unter der angeführten Q-Gruppe „QRP" heißt es: Erniedrigen Sie ihre Sendeleistung. In der Gegenbedeutung mit Fragezeichen QRP? ist ihr die Bedeutung „Soll ich Sendeleistung erniedrigen?" gleichzusetzen.

Was können wir Funkamateure im täglichen Funkverkehr damit anfangen? Wen interessiert es schon, daß der Funkpartner oder ich die Leistung reduzierte. Im Normalfall wird auch diese Q-Gruppe nicht als eine Aufforderung oder wörtliche Mitteilung verstanden, sondern wie üblich, fachlich umgedeutet. Nach über 50 Jahren Amateurfunk hat sich der Begriff „QRP" für einen Begriff eingebürgert, den wir heutzutage als reinen Funkbetrieb mit Sendern kleiner Leistung verstehen.

Faszination durch QRP

Eigentlich bedeutet QRP-Funkbetrieb: Leistung in die entgegengesetzte Richtung! Während bei Sportveranstaltungen mehr Leistung durch mehr Aufwand erreicht wird, wie z. B. mehr Hubraum, mehr PS, oder harter Tennisboden – schnellere Bälle, so könnte man auch im übertragenen Sinn beim Amateurfunk sagen, je höher die Sendeleistung – desto größer die Reichweite. Eine gewisse physikalische Tatsache steckt schon hinter diesem Ausspruch. Wer aber die Praxis kennt, weiß, daß die größtmögliche Entfernung zweier Funkstationen auf der Erde nicht mehr als 20.000 km betragen kann. Um diese Distanz zu überbrücken, genügt im heutigen Zeitalter der Technik bereits eine kleine Antennenanlage und eine einfache Funkstation. Was lediglich innerhalb dieser 20.000 km zu steigern wäre, ist die Verständlichkeit der übertragenen Informationen. Und das kann man ganz einfach durch Erhöhung der Sendeleistung.

Was aber haben wir dabei erreicht? Durch simples Drehen am Carrier-Knopf haben wir sinnlos Energie verschwendet, andere Funkstationen auf benachbarten Frequenzen vermeidbar gestört, evtl. TVI und BCI verursacht, die eigene Sendeendstufe überlastet und damit Röhre oder Trafo gefährdet, bei Contesten in einer Teilnahmeklasse teilgenommen, in der sich ohnehin die Masse der Funkamateure befand oder gar die Finger am Gehäuse durch reflektierende HF verbrannt. Und das alles nur, weil man lauter sein will als der andere, nur um ganz laut statt laut gehört zu werden. Man stelle sich eine Unterhaltung in einem Zimmer vor, wenn jeder lauter sprechen wollte als der andere. Wo kämen wir nur hin?

Die Faszination im QRP-Betrieb stammt daher nicht aus Erfolgen, die „auf der Hand" liegen, d. h. nur auf den physikalischen Gegebenheiten der Station und der Übertragungswege basieren. Es wird immer die stärkere Station stärker ankommen, der QRP-Operator wird immer ein schwächeres Signal produzieren, als jener mit QRO. Aber allein die Tatsache, daß man minimale Energien, oft nicht größer als jene, die zum Betrieb einer Taschenleuchte gebraucht werden, zum Überbrücken von Kontinenten und Weltmeeren mit brauchbarem Erfolg anwenden kann, allein diese Tatsache erweckt die Faszination, die vom QRP-Betrieb ausgeht. Wenn man feststellt, daß die Vervierfachung der Sendeleistung eine S-Stufe beim Empfang mehr bringt, so kann man – als „QRP-Denker" auch sagen, daß eine Viertelung der Leistung auch eben nur eine S-Stufe weniger bringt! Im folgenden Text zeigen wir das an einem Rechenbeispiel:

Eine durchschnittliche Station von 100 Watt Output wird mit S-9 gehört. Danach fällt bei 25 Watt Output das S-Meter auf S-8 ab. Führen wir die Gedanken weiter und drehen den Carrier-Knopf auf ca. 6 Watt Output zurück. Entsprechend liegt die Feldstärke dann bei S-7. Bereits in dieser Leistungsklasse bewegen wir uns am oberen Ende des QRP-Definitionsbereiches, der international mit max. 5 Watt Ouput bzw. 10 W Input klassifiziert wird. Drehen wir unseren Sender trotzdem ruhig nochmals auf ein Viertel seiner Sendeleistung zurück. Mit 1,5 Watt haben wir nun ein echtes QRP-Gerät, das man rein theoretisch mit S-6 hören könnte. Der Unterschied zwischen 100 W (S-9) und 1,5 W (S-6) ist mathematisch – 18 dB, nach dem S-Meter 3 S-Stufen, nach dem Gehör erheblich leiser, aber wohl ausreichend laut zu hören. Nach diesem Beispiel zu urteilen, könnte es also fast „egal" sein, mit 100 W oder 1,5 W zu senden.

In der Praxis sieht es allerdings nicht immer so aus wie im obigen Rechenbeispiel. Oft spielen Witterungseinflüsse, Ausbreitungsbedingungen oder die technische Ausrüstung bei Antenne oder Empfänger eine große Rolle. Wer sich von der Heimstation aus mit QRP beschäftigt, sollte gerade hier ansetzen, die Leistungsfähigkeit seiner Antenne zu verbessern, um einen weiteren Gewinn für die schwächer empfangenen Signale zu erzielen. Hierzu gehören die Verwendung kurzer und dämpfungsarmer Koaxialkabel, optimale Anpassung von Antenne und Endstufe, bestmögliche Antennenposition. Die Verwendung von Richtantennen trägt dazu bei. Auch auf der Empfängerseite lassen sich erhebliche Verbesserungen durch Einbau von HF-Vorverstärkern, ZF-Stufen, Q-Multipliern oder CW-Filter erreichen. QRP ist also der Initiator für die Beschäftigung mit der Anlage, nicht nur Basteln am Sender. Durch die Verwendung geringer Sendeleistungen kann man eher eine Verbesserung an der Station erkennen. Mit stärksten Signalen am S-meter kann man sowieso keine fühlbaren Unterschiede mehr feststellen.

Zum stetigen oder gelegentlichen Funkbetrieb mit Sendeleistungen zwischen fast 0 und 5 Watt Output gehört ein gewisser Idealismus, denn nicht jede gewünschte Verbindung kommt auf Anhieb zustande. Erst nach mehrmaligem Rufen oder Antworten wird man gehört, da oftmals der Funkpartner auf der anderen Seite vom lauten Knacken des Lautsprechers taub geworden ist. Wie man Betriebstechnik macht, ist im einzelnen im nächsten Kapitel beschrieben.

Die Leistungsfähigkeit eines QRP-Senders sollte man bildlich erfassen. Dazu gehört eine kartographische Ausrüstung wie Atlas, Globus, QTH-Kennerkarte und eine einfache Zeichenausrüstung. Will man die Reichweite oder die Abstrahlcharakteristik seiner Station im Bild festhalten, so trägt man auf eine Landkarte (z. B. Deutschland, Europa oder die Welt) den jeweiligen Standort seines Funkpartners ein und verbindet die zwei Punkte durch dicke oder dünne Linien (je nach Feldstärke). Nach einem Jahr QRP-Betrieb wird man bald feststellen, wie groß die Reichweite, wie stark die Feldstärken sind, und in welche Richtung die Abstrahlungen bevorzugt erfolgen. Man sieht dann auf einen Blick, wie das Erfolgsdiagramm sich gestaltet. Wichtig dabei ist aber die Beibehaltung aller Parameter. Man sollte deshalb im Laufe des Betriebszeitraumes keine Stationsveränderung vornehmen.

Den nächsten Schritt zur Veränderung der Anlage kann man durch verschiedene Variationen vornehmen, wie z. B. weitere Reduzierung der Sendeleistung auf wenige Milliwatt, Verwendung anderer Antennen, Änderung des Bandes oder des Standortes. Durch diese systematische Forschung gewinnt man sehr schnell an Erfahrung, vor allem, wenn man noch Newcomer ist.

Für Funkamateure mit Drang zum Bau ihrer Sender bietet QRP-Betrieb einen einfachen Weg zur Selbstbestätigung. Nicht jeder hat ausreichende Meßmittel oder Möglichkeiten zum Bau von großen Anlagen. Ein Erlebnis ist bereits ein QSO mit einem selbstgebauten Sender aus 2 oder 3 Transistoren. Wenn man dann noch sieht, daß das kleine Ding nur so groß wie eine Zigarettenschachtel ist und eine Entfernung von vielleicht 2.000 km überbrückt, wird man selbst in Staunen versetzt. Dabei ist QRP rund um die Erde möglich.

Eine weitere Entfaltungsmöglichkeit im QRP-Betrieb besteht bei der Durchführung von Fielddays oder Portabelverbindungen. Gerade die kleine Bauweise des Senders in Verbindung mit einem geeigneten Transistorempfänger begünstigt den Transport oder das Aufstellen auf Reisen. Ein wichtiger Punkt dabei ist noch der geringe Strombedarf von ca. 12 V bei 0,1–1,0 A, der leicht von Akkus, Batterien oder Sonnenkollektoren gedeckt werden kann.

Wer sich allein mit QRP-Betrieb begnügt, zumindest als Anfänger, kann erhebliche Kosten bei der Anschaffung der Geräte sparen. Je nach Ausführung als Sender oder Transceiver, Bausatz oder Fertiggerät, Leistung usw., bewegen sich die Preise zwischen DM 100,– und DM 1.000,–. Der einfache Selbstbau trägt ein übriges zur Kostensenkung bei.

Betriebstechnik

Die Betriebstechnik eines QRP-Funkamateurs unterscheidet sich nicht wesentlich von der allgemeinen Betriebstechnik. Es gilt jedoch einige wichtige Punkte zu beachten, mit denen man schneller und einfacher zum Erfolg kommt.

Wir müssen uns zunächst einmal vor Augen halten, daß die Lautstärke beim gegenübersitzenden Partner etwas geringer ist als im Normalbetrieb. Wir müssen uns also erst richtig bemerkbar machen. Dies könnte ja ganz einfach durch Erhöhung der Sendeleistung geschehen. Gerade das wollen wir nicht. Der geübte QRP-Operator wird eher durch seine Tugenden auffallen, wie z. B. geduldiges Warten, wiederholter Anruf, klare Tonqualität, gepflegte Betriebstechnik, kurze und sachliche Form, sauberes Geben der Morsezeichen oder gar ein kurzes Zufügen des QRP-Begriffes an das Rufzeichen. Wenn wir eine gute Antenne besitzen, freie Frequenzen suchen und im richtigen Augenblick losschlagen, werden wir in den meisten Fällen eine Antwort bekommen – von allen Kontinenten dieser Erde.

Deshalb sollte sich der Funkamateur eine gepflegte Betriebstechnik aneignen, so daß wir ruhig von einer überdurchschnittlichen Betriebstechnik sprechen können. Wenn dann noch alle möglichen erlernbaren Code, Abkürzungen und Q-Gruppen zur Übermittlung von Unterhaltung und Information eingespielt werden, trägt dies zu einer vollkommenen Kommunikation bei. Der Zweck einer guten Betriebstechnik sollte sein, auch unter schlechtesten Bedingungen wie Störungen oder Fading eine Verbindung erfolgreich zu Ende zu bringen.

Der richtige Einsatz seiner Kenntnisse über die Ausbreitungsbedingungen ist unerläßlich. Zu welchen Zeiten, an welchen Tagen erreiche ich welche Länder oder Kontinente. Das Erkennen von sehr guten Ausbreitungsbedingungen in eine bestimmte Richtung oder auf einem speziellen Band ist Voraussetzung für den Erfolg bei QRP-DX. Unter DX kann auch eine Entfernung unter 1.000 km mit einer Sendeleistung unter 1.000 mW verstanden werden. Zuletzt gehört noch eine Portion Glück dazu, auch im Pile up mal an eine seltene Station zu gelangen. Und wenn man beim Anruf dann noch QRP hinter das Rufzeichen hängt, ist der Erfolg nicht mehr weit. Jedoch sollte man eines nicht tun: CQ mitten im stärksten QRM rufen.

Technische Ausrüstung

Der einfachste QRP-Sender wäre ein einstufiger Oszillator, wie er oft in Fachbüchern beschrieben ist. Mit ein paar wenigen Bauteilen und einer Batterie können immerhin 100 mW ohne Schwierigkeiten erzeugt werden. Der nächste Schritt ist die Dazuschaltung von weiteren Trenn- oder Verstärkerstufen, bis die gewünschte Leistung erreicht wird. In der Regel besteht ein QRP-Sender Marke Eigenbau aus 2–5 Transistoren oder 2–3 Röhren. Wenn das ganze Gebilde als Monobandsender aufgebaut ist, entfallen lästige Arbeiten für eine Bandumschaltung, mit denen man nur sehr schwierig die Stabilität und den Wirkungsgrad in den Griff bekommt. Deshalb sind einfache und kleine Monoband-Sender die beliebtesten Geräte für den Selbstbauer. Entsprechende Senderschaltungen werden häufig in der Fachliteratur wie „cq-DL" und „QST" beschrieben, die man manchmal auch als Bausätze bei den einzelnen Verfassern beziehen kann. Eine Wiedergabe solcher Schaltpläne an dieser Stelle würde den Rahmen dieses Buches sprengen. Solche kleinen Sender sind schon für weniger als DM 100,– zusammenzubauen. Es gibt auch kommerzielle QRP-Geräte, die für die notwendige Leistungsklasse bis max. 5 Watt Output oder 10 Watt Input geeignet sind. Die Kosten für Mehrbandgeräte betragen je nach Ausführung ca. DM 500,– bis DM 1.000,–.

Zum Empfänger kann man nicht viel sagen, obwohl dieser mehr leisten sollte als der Sender. Wie bereits erwähnt, sollte er sich durch hohe Empfindlichkeit und große Trennschärfe auszeichnen. Für den Portabelbetrieb kombiniert man gern den QRP-Sender mit Miniaturempfängern (z. B. O-V-1) geringeren Aufwandes, hat dafür aber eine wunderbare Kleinststation für Camping, Urlaub oder Wanderung.

Es gibt zur Frage der Antenne keine bestimmte Empfehlung. Sie sollte durchschnittlich gut arbeiten und optimal an den Sender angepaßt sein. Bei Verwendung von Monobandsendern sind dem Funkamateur unbegrenzte Möglichkeiten beim Ausbau von Monobandantennen gegeben (Vielelement Richtantennen, riesige Langdrahtantennen, speziell für Fielddays und Wettbewerbe). Mit Behelfsantennen wie nassen Schnürsenkeln, Bettgestellen, Dachrinnen, Fensterrahmen, Stoßstangen, Heizungsrohren oder Wickeldraht, werden Sie mit Sicherheit nicht froh!

Wettbewerbe und Diplome

Neben der reinen Experimentierarbeit und normalen Konversation gibt es noch die Möglichkeit, unter QRP-Bedingungen Wettbewerbe abzuhalten und dem Erlangen von speziellen QRP-Leistungsdiplomen nachzugehen. Wie jeder Leser schon gehört hat, sind die Bedingungen und Voraussetzungen zur Teilnahme mit QRP-Geräten an Wettbewerben klar definiert. Dabei muß man grundsätzlich zwischen zwei Arten von Kontesten unterscheiden. Einmal gibt es sie speziell nur für QRP-Stationen, zum anderen können QRP-Stationen in einer eigenen QRP-Klasse an normalen Wettbewerben teilnehmen. Man erreicht damit eine gleiche Voraussetzung für gleiche Geräte. Oftmals handelt es sich dabei um einen Kurz-Contest von wenigen Stunden. Nach dem ersten Contest wird man enttäuscht sein, daß man mit QRP viel weniger Verbindungen zustande bringt. Aber man muß berücksichtigen, daß die anderen Teilnehmer auch unter gleichen Bedingungen arbeiten und deshalb vielleicht auch nicht mehr schaffen. Es ist also egal, ob man einen guten Platz mit 50 QSO erringt oder mit 500. Im ersten Fall entfällt das lästige Schreiben langer Logs, und man kann sich mehr dem eigentlichen Hobby widmen.

Als Beispiel für reine QRP-Wettbewerbe seien die 3 wichtigsten Konteste genannt:

1. Internationale Sommer/Winter QRP-Wettbewerbe der AGCW.
   Diese finden jeweils am dritten Wochenende im Januar und Juli statt. Die verschiedenen Stationen werden in Klassen eingeteilt. Die genauen Ausschreibungsbedingungen können jeweils aus den Fachzeitschriften entnommen oder bei der AGCW angefragt werden.
   Manager: Siegfried Hari, DK 9 FN, Spessartstraße 80, 6453 Seligenstadt

2. QRP/QRP-Party
   Diese Veranstaltung wird an jedem 1. Mai abgehalten. Besondere Punktbewertung für QRP-QRP Verbindungen schaffen weitere Anreize, speziell nur für QRP-Stationen zu arbeiten. Es handelt sich hierbei um einen reinen Kurz-Contest. Ausschreibungen können angefragt werden.
   Manager: Werner Hennig, DF 5 DD, Mastholter Straße 16, 4780 Lippstadt

3. RSGB-Low-Power Contest
   Der englische nationale Radio Club veranstaltet jedes Jahr im April einen Low Power Contest auf 80 m und 40 m. Ausschreibungen sind erhältlich bei: RSGB HF Contests Committee, c/o D. S. Booty, 139 Petersfield Ave., Staines, Middlesex. TW 18 1 DH.

Wegen der großen Anzahl von allgemeinen Wettbewerben mit eigenen QRP-Klassen sei hier nur kurz auf die wichtigsten inländischen hingewiesen:

Deutscher Telegrafie Kontest DTC	(Palmsonntag, AGCW)
Happy New Year Contest, HNYC	(Neujahr, AGCW)
10 m Wettbewerb	(verschiedene Zeiten, DARC)
Europa Fieldday	(Juni, DARC)

Die Sieger einzelner Wettbewerbe werden mit Trophäen oder Urkunden ausgezeichnet. Wer speziell Leistungsdiplome erarbeiten will, kann sich beim Erlangen des QRP-CW-250 unter Beweis stellen. Wer diese Auszeichnung besitzen will, muß pro Kalenderjahr mindestens 250 QRP-Verbindungen nachweisen. Herausgeber dieses Diploms ist die AGCW-DL.

Der englische G-QRP-Club gibt ebenfalls QRP-Diplome heraus. Wegen der jeweils aktuellen Ausschreibung wird gebeten, sich direkt an den G-QRP-C zu wenden und entsprechende Anfragen an ihn zu richten.

Anschrift: George Dobbs, G 3 RJV, 17 Aspen Drive, Chelmsley Wood,
  Birmingham B 37 7 QX.

Wer sich zwanglos auf dem Band in Sachen QRP tummeln will, der findet spezielle Frequenzen vor, die sich inzwischen in Europa, vor allem in Großbritannien und Deutschland, eingebürgert haben. Dies wäre 3560 KHz, 14.060 KHz, 21.060 KHz, 28.060 KHz. Da sich gelegentlich die Aktivitätszeiten ändern, sollte direkt bei den Veranstaltern nachgefragt werden (G-QRP-C oder AGCW).

QRP-Clubs

Im Zeitpunkt der Drucklegung wurde gerade die WQF (World QRP Federation) unter der Federführung von G 8 PG gegründet. Ihr gehören inzwischen die Verbände AGCW, G-QRP-C und der Michigan-QRP-Club als Mitglieder an. Die WQF ist als Dachorganisation zu betrachten und führt lediglich regionale QRP-Clubs als Einzelmitglieder.

Personenmitgliedschaft ist jedoch bei den einzelnen regionalen QRP-Clubs oder CW-Verbänden möglich.

Weitere regionale Clubs sind: SCAG (Skandinavische CW Aktivity Group), Benelux-QRP-Club (Niederlande), HA-QRP-C (Ungarn) und viele andere.

Siegfried Hari, DK9FN

Amateurradio-Telegraphieclubs

Einleitung

Telegraphieclubs im Sinne der Themenbenennung sind Interessengemeinschaften von Funkamateuren, die sich völlig oder im wesentlichen der Ausübung einer einzigen Funkverkehrsart verschrieben haben: der Telegraphie, kurz: CW.

Als Interessengemeinschaften stellen sie weder eine Alternative noch gar eine Konkurrenz zu bestehenden nationalen Amateurradioclubs dar, und sie sind i.a. auch kein organisatorischer Teil dieser Verbände. In der Gesamtheit aller Funkamateure eines Landes, die i.a. stets ihrem nationalen Amateurradioclub (und z.T. auch noch einem, manchmal sogar mehreren, ausländischen nationalen Clubs) angehören, verstehen sie sich gemäß ihrem ganz speziellen Interesse als Teil dieser Gesamtheit. Nachstehend wird eine Reihe dieser Interessengemeinschaften, kurz: CW-Clubs, genannt, deren Sitz sich in Europa befindet und denen nach Meinung des Autors, aufgrund ihrer langjährigen Existenz sowie ihrer Mitgliederstärke und Mitgliederstruktur, eine nennenswerte, wenn nicht sogar außerordentliche, Bedeutung zukommt. Weder die Liste der aufgeführten CW-Clubs noch die Angaben zu diesen Clubs erheben irgendeinen Anspruch auf Vollständigkeit. Adressenangaben und andere Formalien beziehen sich auf das Jahr der Manuskripterstellung. Vereinigungen, die – und sei es auch nur zum Teil – den Charakter von Berufsverbänden aufweisen, werden hier nicht aufgeführt. Die weiteren Ausführungen werden sich demnach auf folgende CW-Clubs (Kurzbezeichnung) beschränken: TOPS, HSC, VHSC, FOC, AGCW-DL und SCAG; als „fast reiner" CW-Club der G-QRP-C, als „Nicht-Club" die DIG-Sektion CW mit ihrem CW-NET und als Dachorganisation einiger CW-Clubs die EUCW. Wegen seiner in DL oft mißgedeuteten Bezeichnung werden abschließend auch einige Worte zum A1-OP gesagt.

Wer sich für länger zurückliegende Veröffentlichungen zu diesem Thema interessiert, die einen Teil dieser CW-Clubs mit z. T. kritischen Anmerkungen beschreiben und viele Hintergrundinformationen liefern, der sei auf das Schrifttum [1] und [2] verwiesen.

1. Telegraphy Operators' Society: TOPS

Dieser englische Telegraphistenverband wurde im August 1946 gegründet [3] und gehört mit zu den bekanntesten dieser Art. Sein vollständiger Name ist TOPS-CW-CLUB. Mit seinen sehr vielen Mitgliedern aus über 50 DXCC-Ländern kommt ihm eine stark ausgeprägte internationale Bedeutung zu. Der „Geist" dieses Clubs kann kaum besser verdeutlicht werden, als mit seinem eigenen Motto: WHERE FISTS MAKE FRIENDS!

Bewerber für diesen Club sollen in der Lage sein, wenigstens 75 BpM sauber zu geben und einwandfrei aufnehmen zu können. Die technische Qualität der Ausstrahlungen soll zu keinen Beanstandungen Anlaß geben, ebensowenig das persönliche Verhalten des Operators im Äther. Die Hauptziele des Clubs sind die Pflege internationaler Freundschaften unter den Telegraphisten sowie Pflege bzw. Bemühen um ständige Vervollkommnung der Telegraphie-Betriebsfähigkeiten.

Mit 2 Vorschlägen durch TOPS-Mitglieder an den Sekretär des Clubs kann man nach Ablauf einer 28-tägigen Einspruchsfrist, gerechnet vom Tage der Nominierungsveröffentlichung im Mitteilungsblatt „QMF", in diese Vereinigung aufgenommen werden. Die Anschrift des Sekretärs lautet:

GW8WJ, Phil Evans, 2 Ffordd Ty Newydd, Prestatyn, Clwyd LL19 8PB, Wales, England

DER TOPS erhebt neben der einmaligen Gebühr für die Ausstellung einer numerierten Mitgliedsurkunde auch einen geringfügigen Jahresmitgliedsbeitrag. Dafür erhält man das in Abständen von 2 Monaten bereits o.g. regelmäßig erscheinende und i. a. 4 Seiten umfangreiche Mitteilungsblatt, genannt „QMF". Es bringt auch für DL oft interessante Informationen, Neuigkeiten und Meinungen. Für eine 15-jährige ununterbrochene Mitgliederschaft in dieser Vereinigung kann man zum Mitgliedsdiplom einen sogenannten LONG SERVICE STICKER erhalten.

Der TOPS gibt eigene Mitglieder-Diplome heraus [3][4]) und veranstaltet einen international sehr beachteten jährlichen Telegraphie-Wettbewerb im 80 m-Band, den sogenannten TAC (Tops Activity Contest) über 24 Stunden, jeweils am ersten Wochenende im Dezember. Dieser Contest ist für alle CWisten offen, also auch für Nichtmitglieder des TOPS.

Als sonntäglicher Treffpunkt für TOPS-Mitglieder werden verschiedene Frequenzen genannt: 20, 60, 70/75 kHz vom jeweiligen Bandanfang, wobei nach Auffassung des Autors das 80 m- und 20 m-Band favorisiert werden.

(Gemäß den Recherchen des Autors im Jahre der Manuskriptüberarbeitung ist die Situation des TOPS z.Zt. bedauerlicherweise etwas unübersichtlich. So erscheint weder die „QMF" regelmäßig, noch wird ein Mitgliedsbeitrag erhoben, u.a.m.).

2. Radio Telegraphy High Speed Club: HSC

Die Interessengemeinschaft von Schnelltastfunkern wurde 1951 in DL gegründet [5]). Man kann durch Vorschlag von wenigstens 5 Mitgliedern dieses Clubs zur Aufnahme vorgeschlagen werden [6]). Dazu ist jeweils eine wenigstens 1/2-stündige Funkverbindung mit diesen Mitgliedern bei einer Telegraphiergeschwindigkeit von mindestens 125 BpM (Buchstaben pro Minute) abzuwickeln.

Die Vorschläge werden – am besten in Form einer QSL-Karte – dem Antragsteller oder auch dem HSC-Sekretär übersandt. Sie müssen neben der Anfangs- und Endzeit der Funkverbindung die HSC-Nummer des Vorschlagenden sowie eine kurze, von ihm unterschriebene Bestätigung enthalten, daß der Antragsteller die Aufnahmebedingungen erfüllt hat. Anschrift des Sekretärs:

DL1PM, Ernst Manske, 2105 Seevetal 11, Ansgarstraße 14

Die vielen Mitglieder des HSC verteilen sich auf über 50 DXCC-Länder, womit dieser CW-Club eine starke internationale Prägung erhält. Der HSC erhebt keinen Mitgliedsbeitrag. Dafür gibt dieser Club jedoch auch kein Bulletin heraus. Für die Mitgliedsurkunde, das sogenannte HSC-Diplom, wird eine einmalige Gebühr von DM 4,-- bzw. 7 IRCs erhoben. Diese Diplome sind numeriert.

Auf Anforderung kann man eine Mitgliederliste erhalten, die jährlich auf den neuesten Stand gebracht wird. Abruf der Liste beim Sekretär DL1PM.

Der HSC gibt zum Zweck der Aktivitätssteigerung und Bandbelebung ein Diplom, das „WHSC", heraus, das ab 1. 1. 1979 in einer Neufassung erschien und dem Antragsteller kostenlos verliehen wird. Die Anschrift des Diplom-Managers, der seit 1980 auch Präsident des HSC ist, und bei dem auch die Diplom-Regeln angefordert werden können, lautet:

DL6MK, Edgar H. Schnell, 3501 Ahnatal 1, Am Eichhölzchen 33

Nach eigenen Erfahrungen des Autors ist ein beliebter abendlicher Treffpunkt der HSCer das obere Drittel des CW-Bereiches im 80 m-Band.

3. Radio Telegraphy Very High Speed Club: VHSC

Diese Spezialistengemeinschaft von besonders schnellen Tastfunkern wurde 1961 gegründet. Im wesentlichen gilt für sie dasselbe, was auch zum HSC gesagt wurde, jedoch mit den folgenden Unterschieden [7]): Man benötigt 4 Vorschläge von Mitgliedern zur Aufnahme in diese Vereinigung und der Bewerber muß Telegraphiergeschwindigkeiten von mindestens 200 BpM beherrschen. Bei der Antragstellung an den Sekretär ist ein Bericht über die erforderlichen Funkverbindungen mit VHSC-Mitgliedern einzusenden. Die QSO-Partner müssen gebeten werden, ebenfalls ihren Bericht an das Sekretariat zu senden:

PAØDIN, Din Hoogma, Schoutstraat 15, NL-6525 XR Nijmegen

Auch der VHSC erhebt außer einer einmaligen Gebühr von 10 IRCs für die Ausstellung einer numerierten Mitgliedsurkunde keinen Mitgliedsbeitrag und gibt kein eigenes Bulletin heraus. Jedoch hat sich die „QMF" – das regelmäßig erscheinende Journal des TOPS – bereit erklärt, VHSC-Mitgliedsnominierungen (Einspruchszeit 2 Monate), kurze Mitteilungen des bzw. Informationen über den VHSC ebenda zu publizieren, da in aller Regel die VHSC-Mitglieder auch TOPS-Mitglieder sind.

Der VHSC kann naturgemäß nur auf eine bescheidene Mitgliederzahl verweisen, die sich gegenwärtig aus ca. 19 DXCC-Ländern rekrutiert. Man kann sie z. T. abends im oberen Drittel des CW-Bereichs im 80 m-Band treffen, zum w. o. schon erwähnten abendlichen Stelldichein der „Operateure mit der schnellen Taste".

4. First Class C.W. Operators' Club: FOC

Diese sehr alte Vereinigung von Telegraphie-Freunden in aller Welt hat ihren Sitz ebenfalls in England. Der Club wurde bereits im Jahre 1938 gegründet.

Die Intentionen des FOC sind z. B. mit denen des TOPS naturgemäß im wesentlichen identisch [8]): Die Förderung guter Telegraphierfähigkeiten, guter Betriebsmechanik, ausführlicher und kritischer Qualitätsbeurteilung beim Austausch der Empfangsberichte sowie ausnahmslos höfliches, rücksichtsvolles und freundliches Verhalten im Funkverkehr. FOC-Mitglieder sollen jederzeit gute Manieren im Äther zeigen, die als wesentlicher Bestandteil des First Class Operating angesehen werden; sie sollen anderen Operateuren, insbesondere den Neulingen, ein Beispiel sein und sich ferner vergewissern, nur Bewerber zur Aufnahme in den Club vorzuschlagen, von denen erwartet werden kann, daß sie den hohen Zielen des FOC in jeder Weise gerecht werden. So jedenfalls steht's u. a. in den Statuten [9]).

Die Aufnahmeprozedur in den FOC ist kompliziert und langwierig. Letzteres insbesondere deshalb, da die Mitgliederzahl des Clubs auf 500 limitiert ist. Zunächst einmal muß der Bewerber auf wenigstens 3 Kurzwellenbändern betriebsbereit und in der Lage sein, mindestens 125 BpM korrekt zu geben sowie einwandfrei aufnehmen zu können. Dann benötigt er wenigstens 5 Vorschläge von anderen FOC-Mitgliedern, wobei wenigstens 1 Vorschlag aus einem anderen Kontinent stammen soll. Eine besondere Schwierigkeit liegt in der Regelung, daß alle diese 5 Vorschläge innerhalb von 3 Monaten beim Sekretär eingegangen sein müssen und daß Aufnahmevorschläge zeitlich nicht übertragbar sind. Das heißt: Kommt auch nur 1 Vorschlag einen einzigen Tag zu spät, so sind alle anderen bisherigen Vorschläge verfallen und müssen neuerlich beim Sekretär mit der genannten Vierteljahresfrist gestellt werden! Es ist also keineswegs sicher, daß man es „im ersten Anlauf" schafft. Die eingehenden Vorschläge zur Aufnahme des Bewerbers X werden mit den Rufzeichen der vorgeschlagenen Operateure jeweils im monatlich erscheinenden Mitteilungsblatt, dem sogenannten News Sheet – intern auch FOC-Bulletin genannt – veröffentlicht, so daß jedes Mitglied nicht nur das Recht, sondern auch zeitlich ausreichend die Möglichkeit hat, evtl. Einwände gegen die Aufnahme von X vorzubringen. Davon wird nach Kenntnis des Autors auch des öfteren Gebrauch gemacht und das FOC-Komitee geht in jedem Falle den angeführten Beanstandungen nach; das tut es übrigens auch bei Klagen gegen Operateure, die bereits Mitglieder sind! Hat man es also spätestens mit der 3. Nominierungsveröffentlichung im Bulletin geschafft, seine 5 Vorschläge zusammenzuhaben und liegen auch sonst keine Einsprüche gegen die Aufnahme vor, so wird der Bewerber vom Sekretariat des FOC über seine Nominierung in Kenntnis gesetzt und aufgefordert, falls er dem Club beizutreten wünscht, sich ausdrücklich zu den „Rules of Membership" zu bekennen. Danach ist er normalerweise immer noch kein Mitglied im FOC, denn es müßte bei der begrenzten Mitgliederzahl ja gerade ein Platz frei sein! Der inzwischen zugelassene Bewerber X kommt also zunächst auf eine sogenannte Warteliste, von der aus er dann nach Maßgabe der freiwerdenden Plätze und unter Berücksichtigung der Reihenfolge der wartenden Bewerber auf dieser Liste nun endlich aufgenommen wird und seine FOC-Urkunde mit Nummer erhält. Diese Nummern werden übrigens einmalig fortlaufend vergeben, haben inzwischen 4-stellige Werte erreicht und spiegeln also keinesfalls die Mitgliederzahl des Clubs wider.

Der jährlich zu entrichtende Mitgliederbeitrag im EU beträgt z. Zt. £ 4.00. Dafür gibt es das bereits erwähnte, monatlich erscheinende gedruckte (!) Mitteilungsblatt. Es enthält verbandsinterne und sonstige allgemein interessante Informationen, stets irgendwelche Lebensläufe von Mitgliedern und anderes mehr; nicht zuletzt aber auch ggf. die persönliche Mahnung, eine überfällige Beitragszahlung zu entrichten. Wer dann noch nicht postwendend seinen Obulus überweist, der wird erbarmungslos aus der Mitgliederliste gestrichen, und ein Bewerber auf der Warteliste kann nachrücken! Ausnahmen werden nur in begründeten Fällen, wie langer Krankenhausaufenthalt o. ä. gemacht. Die Regelung wird sehr hart eingehalten, was wegen der begrenzten Mitgliederzahl aber unvermeidbar ist. Denn im wesentlichen werden nur durch diese Streichungen oder durch Austrittserklärungen bzw. Tod eines Operateurs wieder Plätze im FOC frei, wenn man davon ausgeht, daß „Hinauswürfe" infolge schwerwiegender Verfehlungen gegen die Club-Statuten oder nachgewiesene Dauer-Inaktivität nicht sehr häufig vorkommen. Allerdings gilt es als schwere Verfehlung gegen die Club-Statuten (Rule 7), im Jahr mit weniger als der vorgeschriebenen Mindestanzahl von FOC-Mitgliedern Funkverkehr gehabt zu haben!

Damit zu den Aktivitäten: Markanter Treffpunkt der FOCer ist der Bereich 25/30 kHz eines jeden Bandanfanges. Besondere Aktivitätstage sind jeweils am ersten Wochenende eines Monats, an denen man auch die Clubstation G4FOC treffen kann. Der Club gibt einige Diplome heraus, die sämtlich den Betrieb mit FOC-Mitgliedern erfordern, z. B. WAFOC, WAFOCC, W6 FOC-WAS. Am ersten Wochenende im Februar eines jeden Jahres wird ein 48-stündiger, verbandsinterner Wettbewerb durchgeführt: der FOC-Marathon. Dieser Contest findet stets die sehr große Beteiligung der Mitglieder. Die Kontinentssieger erhalten eine Trophäe, die Landessieger eine Urkunde. Jedoch ist dieser Wettbewerb, wie gesagt, nur offen für FOCer. Beim „CQ FOC"-Ruf im Marathon ist jeder Anruf von Nichtmitgliedern völlig sinnlos.

Diesen Ruf hört man übrigens auch sehr häufig außerhalb des Wettbewerbs auf den genannten Treffpunktfrequenzen. Nicht etwa deshalb, weil dort einige „total versnobte FOCer" unbedingt unter sich bleiben wollen, wie oft fälschlicherweise von Nichtmitgliedern vermutet wird. Das schließt selbstverständlich nicht aus, daß in keinesfalls zu verallgemeinernden, bedauerlichen Einzelfällen eine derartige Vermutung auch zu Recht bestehen kann. In der Regel sind die Gründe jedoch recht „harmloser" Natur: Zum einen wollen (und sollen) die FOCer z. T. auch ihre eigenen Diplome erwerben, zum anderen hoffen sie mit diesem Ruf, einen guten Freund zu einem ausgedehnten rag-chew zu animieren; die QSOs zwischen FOCern sind selten kurz! Es gibt aber noch einen ganz anderen handfesten Grund: Das Reglement verpflichtet die Mitglieder, wie w. o. schon gesagt wurde, eine gewisse Mindestzahl von Funkverbindungen pro Jahr mit anderen Mitgliedern durchzuführen – eben damit diese überhaupt die Chance haben, die verbandsinternen Diplome zu erlangen. Der Sekretär des FOC behält sich das Recht vor, von Mitgliedern ggf. den Nachweis in Form von Log-Auszügen anzufordern, um die immer und immer wieder geforderte CW-Aktivität im gewissen Sinne „kontrollieren" zu können. Auf jeden Fall gibt es nach Kenntnis des Autors keinen anderen CW-Club, der seinen Mitgliedern die Betriebsaktivität so zwingend vorschreibt, wie der FOC.

Einmal jährlich, am 1. Wochenende im Oktober, veranstaltet der FOC für seine Mitglieder ein großes Bankett in London: das FOC-Dinner. Dieses Vergnügen – mit einem Hauch von High Society – ist nicht gerade billig, jedoch offensichtlich sehr beliebt, was die vielen Teilnehmer in jedem Jahr beweisen. Erstaunlich ist dabei der stets beachtenswerte Anteil an Besuchern aus Übersee! Man kann dort auf dem Bankett in der Tat vielen Funkfreunden die Hand schütteln, mit denen man sonst i. a. nur „per Finger" gesprochen hätte. Da der Club gegenwärtig Mitglieder aus über 60 DXCC-Ländern in seinem jährlich neu erscheinenden Mitgliederverzeichnis (gedruckt, mit voller Anschrift sowie Vornamen des OP-Ehepartners!) ausweist, ist ein hoher Internationalitätsgrad bei diesem Jahrestreffen stets gesichert.

Die Anschrift des Sekretärs lautet:

G3FXB, A. J. Slater, „Wychwood", Park Lane, Maplehurst, Horsham, West Sussex, RH13 GLL, England

5. Arbeitsgemeinschaft Telegraphie - DL: AGCW

Dieser CW-Club wurde 1971 von DJ5QK, Otto A. Wiesner, als zunächst organisatorisch völlig unkomplizierte Interessengemeinschaft von CW-Interessierten in DL gegründet. Inzwischen entwickelte sich diese Gemeinschaft zu einer mitgliederstarken Vereinigung mit Vertretern aus ca. 40 DXCC-Ländern. Der Mitgliederschwerpunkt liegt jedoch eindeutig in DL. Sinn und Zweck dieser Vereinigung läßt sich in Kürze dem „offiziellen" Selbstdarstellungstext der AGCW-DL entnehmen [10]):

> Die AGCW sieht ihr besonderes Anliegen in jeder erdenklichen Förderung der Betriebsart Telegraphie. Dazu zählen u. a. CW-Aktivitäten auf Netz-Frequenzen, eine Reihe spezieller Contests im KW- und UKW-Bereich, QRP-CW-Aktivitäten, ein reichhaltiges Diplom-Programm. CW-Rundfunksprüche, drahtlose Morsekurse und publizistische Aktivitäten. In der „Programmatischen Erklärung der AGCW-DL" sind ihre Ziele niedergelegt. Ein Kommentar dazu regelt u. a. die Mitgliedschaft. Zweimal im Jahr wird eine Mitteilungsschrift „AGCW-INFO" herausgegeben. Die AGCW ist Mitglied der 1979 gegründeten Dachorganisation EUCW, Europäische Telegraphie Assoziation. Hinsichtlich der Bemühungen, dem Fortbestand

und der Weiterentwicklung des Amateurfunks schlechthin zu dienen, dokumentiert die AGCW die Identität ihrer generellen Zielsetzung mit den diesbezüglichen Leitlinien des DARC (Deutscher Amateur Radio Club e. V.) und anderen offiziellen Amateurfunkverbänden des Auslands.

Dazu noch einige Ergänzungen: Die AGCW kennt zwei Formen der Mitgliedschaft: Vollmitgliedschaft (in DL obligatorisch, für Ausländer auf Wunsch) bei einem Jahresbeitrag von DM 10,– bzw. 15 IRC's mit Lieferung der Mitteilungsschrift (2 Ausgaben/Jahr. A5-Format mit jeweils ca. 40 Seiten, überwiegend in deutscher und teilweise in englischer Sprache geschrieben) und Assoziativmitgliedschaft (nur für Ausländer möglich) ohne Beitragszahlung und ohne Lieferung der Mitteilungsschrift. Jeder aufgenommene Bewerber erhält kostenlos ein Mitgliedscertifikat mit seiner Mitgliedsnummer.

Die AGCW verfügt über ein Diplom-Programm, das vom nationalen Amateurradioclub DARC e. V. als „Anerkanntes Diplomprogramm" [11]) bestätigt ist. Es enthält die Diplome: CW-1000, CW-500, QRP-CW-250, UKW-CW-125.

An regelmäßigen Contests veranstaltet die AGCW u.a. jährlich: HNYC und HNYC-VHF (international, weltweit), DTC (nur DL-intern), UKW-CW-Contest (international, EU). Außerdem strahlt die AGCW regelmäßig einen monatlich ausgegebenen Rundspruch in Telegraphie auf KW und UKW (regional zu verschiedenen Zeiten im 2 m-Band) im Anfängertempo 60 BpM ab. Desweiteren werden drahtlose Morsekurse auf KW und UKW gesendet. Bei hinreichender Interessentenanzahl werden auch Schnelltelegraphie-Trainingslehrgänge durchgeführt. Dies stellt selbstverständlich nur einen Teil der Aktivitäten der Arbeitsgemeinschaft Telegraphie dar. Eine Aufstellung aller Aktivitäten ist vom Sekretariat erhältlich.

Die AGCW hält regelmäßig zu Ostern ein Jahrestreffen für ihre Mitglieder ab. Diese Treffen sind im wesentlichen reine Arbeitssitzungen und daher kaum „gesellschaftliche Ereignisse", wie dies z. T. bei anderen vergleichbaren Interessengemeinschaften der Fall ist.

Bezüglich ihrer Ambitionen unterscheidet sich die AGCW-DL von allen anderen CW-Clubs in einem Punkt grundsätzlich: Sie fordert von Bewerbern als Aufnahme-Voraussetzung keinerlei irgendwie geartete CW-Perfektion, sei es in der Telegraphiergeschwindigkeit, sei es in der Handhabungsfähigkeit, das heißt: die AGCW wendet sich bewußt auch an den Anfänger, den CW-Interessierten im weiteren Sinne, an den potentiellen CWisten-Nachwuchs. Sie versteht sich damit als Bewahrer und Förderer einer Kunst, die einstmals den Amateurfunk schlechthin begründete.

Die Anschrift des Sekretärs lautet:
DL5MAI, Ilse Müller, Stoffelsberg 3, 8860 Nördlingen

6. Scandinavian CW Activity Group: SCAG

Im Jahre 1974 wurde diese Interessengemeinschaft für Telegraphisten aus Skandinavien gegründet; sie stellt gewissermaßen ein Pendant zur AGCW-DL dar. Die SCAG nimmt ebenfalls Bewerber aus allen Ländern auf, jedoch zeigt sich für die inzwischen auf eine stattliche Mitgliederzahl gewachsene Organisation ein ganz eindeutiges Schwergewicht bei den Ländern Schweden, Norwegen, Finnland und Dänemark, Der Club erhebt einen Jahresbeitrag von z. Zt. 15 Skr, wofür jedes Mitglied pro Jahr sechs Ausgaben der praktisch ausschließlich in schwedischer Sprache geschriebenen „News Letter" (A5-Format mit jeweils ca. 12 Seiten) enthält.

An Aktivitäten der SCAG sind zu nennen: Die SCAG-QSO-Party, der Scandinavian Straight Key Day und die Scandinavian Sweepstakes. Eine besondere Spezialität dieses CW-Clubs ist sein ausgefeiltes Net-Traffic-System, über das CW-Rundsprüche (schwedisch) abgestrahlt und sogenannte Radiogramme ausgetauscht werden. Dieses Net ist ständig an verschiedenen Tagen und zu verschiedenen Zeiten überwiegend im 80 m- und z. T. auch im 40 m-Band aktiv! Ein recht beliebter und auch in DL bekannter und frequentierter Net-Trafficc-Tag ist der Mittwoch einer jeden Woche, wo auf ca. 3555 kHz ab 1700 UT diese spezielle Art des Telegraphie-Funkverkehrs gepflegt wird. In diesem Zusammenhang gibt die SCAG auch einige Diplome aus, die sich speziell auf die Teilnahme am Net-Traffic beziehen. Von allgemeinerem Interesse ist jedoch sicherlich das WSA-Diplom (Worked SCAG Areas), für das man in der Grundklasse Verbindungen mit SCAG-Mitgliedern aus wenigstens 10 SCAG-Gebieten (darüber hinaus gibt es Sticker) nachweisen muß. Eine Liste dieser Gebiete sowie viele weitere nützliche Informationen über die SCAG ist einer speziellen Publikation [12]) dieser Vereinigung zu entnehmen – soweit man die schwedische Sprache hinreichend versteht.

Die Anschrift des Sekretärs lautet:

SM6AWA, Gunnar Lilja, Gärdesvägen 14 B, S-43500 Mölnlycke

7. Der G-QRP-Club: G-QRP-C

Diese englische Interessengemeinschaft stellt, im Gegensatz zu den bisher behandelten Clubs, keinen „lupenreinen" CW-Club dar. Insofern, als dieser Club jedoch einen Begriff QRP (hier als Synonym für geringe Sendeleistung verwendet) mit einer Eingangsleistung von höchstens 5 Watt in der Senderendstufe definiert, ergibt es sich naturgemäß, daß der G-QRP-C wenigstens zu 90% Telegraphisten als Mitglieder zählt, so daß er deshalb und seiner internationalen Bedeutung wegen, in dieser Aufstellung und Beschreibung von CW-Clubs zweifelsohne seinen Platz finden muß.

Der G-QRP-C ist offen für alle QRP-interessierten Funkamateure aus der ganzen Welt, seine Mitgliederzahl ist seit der Gründung im Jahr 1975 auf eine bemerkenswerte Höhe gestiegen, wobei über 30 DXCC-Länder vertreten sind, selbstverständlich mit einem Schwergewicht in G. Es wird z. Zt. ein jährlicher Mitgliedsbeitrag von 3.50 £ erhoben. Jedes Mitglied erhält pro Quartal im Jahr das offizielle Journal SPRAT (Small Power Radio Amateur Transmitters; A5-

Format, verstärkte Einbandseiten, Umfang jeweils ca. 20 Seiten), das neben einigen Clubmitteilungen stets viele Veröffentlichungen auf technischem Gebiet, jedoch spezialisiert auf die Kurzwellen-QRP-Belange, enthält: Sender-, Empfängertechnik, sowie Antennenanpaßgeräte u. a. Insbesondere diese Beiträge, von Praktikern für Praktiker geschrieben, machen dieses Journal außerordentlich interessant und lesenswert.

Der G-QRP-C gibt eine Reihe spezieller Diplome heraus, und zwar für Sende- als auch Höramateure: Das Worked G-QRP-C Award sowie das Heard G-QRP-C Award, das QRP Countries Award, das QRP Listener Award, sogenannte Merit Certificates für die ersten 3 Plätze in den von der AGCW-DL veranstalteten QRP-CW-Contests und die 3-jährlich verliehene G2NJ-Trophy: im 1. Jahr für das Mitglied mit den besten QRP-Betriebserfolgen, im 2. Jahr für das Mitglied mit den besten technischen Beiträgen in der SPRAT und im 3. Jahr für den Operateur (Mitglied oder Nichtmitglied), der den besten Beitrag zum Fortbestand des internationalen QRP-Amateur-Radio-Gedankens geliefert hat. Einzelheiten können einem speziellen Merkblatt [13]) entnommen werden. Ein besonders interessantes Diplom ist dabei das QRP Countries Award, das in der Grundklasse für erreichte und bestätigte 25 DXCC-Länder ausgegeben wird, und das man sich durch Endorsements für jeweils weitere 25 Länder zum QRP-DXCC, sicherlich dem Traum vieler QRP-Begeisterter, ausbauen kann.

Drahtlose Treffpunkte der QRP-Telegraphisten sind: 3560 kHz (jeden Sonntag 1400 UT: Es empfiehlt sich auch auf 3550 kHz zu hören, da dort viele xtal-Besitzer zu treffen sind!), 7030 kHz (EU), 7040 kHz (DX), 14065 kHz, 21040 kHz und 28040 kHz, wobei das Spektrum ± 5 kHz um diese Frequenzen herum beobachtet werden sollte.

Die Anschrift des Sekretärs lautet:

G3JV, Rev. G. C. Dobbs, 17. Aspen Drive, Chelmsley Wood, Birmingham, B37 7QX, England

8. Die DIG-Sektion CW und das DIG-CW-NET

Die Telegraphisten-Gruppe innerhalb der DIG (Diplom-Interessenten-Gruppe) ist kein CW-Club im eigentlichen Sinne. Sie ist jedoch inzwischen so umfangreich geworden, daß sie sich eine gewisse Eigenständigkeit in Form einer eigenen Sektion innerhalb der DIG erworben hat. Eine kurze Information über diese Gruppe findet man z. B. in [14]), wobei zu ergänzen ist, daß sich das Net jeden Mittwoch auf ca. 3555 kHz schon um 1800 MEZ zusammenfindet. Das Net steht allen CWisten offen und der Ruf der Leitstation „CQ DIG" bedeutet lediglich, daß sich alle am DIG-CW-NET beteiligungswilligen Stationen melden sollen! Im übrigen ist nach Kenntnis des Autors das DIG-CW-NET seit Gründung im Jahre 1971 die in Europa größte Telegraphistengruppe, die sich regelmäßig jede Woche einmal zusammenfindet. Der Leiter der DIG-Sektion CW ist:

DL3CM, Gerd Jarosch, 2057 Schwarzenbek, Blinde Koppel 2 b

Die DIG gibt etwa vierteljährlich einen Rundbrief heraus, in dem nicht nur die DIG-CWisten ausreichend zu Worte kommen, sondern auch Informationen von der bzw. über die AGCW abgedruckt werden.

Für die Telegraphie-Enthusiasten gibt die DIG ihre Diplome [15], soweit dies der grundsätzliche Modus der Diplombedingungen zuläßt, auch mit dem Sticker „2xCW" aus und verleiht darüber hinaus nach besonderen Bedingungen als spezielle CW-Leistungsauszeichnung die DIG-CW-Plakette, eine Wandschale aus schwerem Messingguß. Als besondere Aktivitäten der DIG-Sektion CW sind noch die alljährliche DIG-CW-QSO-Party und ein CW-Speed-Wettbewerb zu nennen, die regelmäßig anläßlich eines Jahrestreffens der DIG veranstaltet werden, ab 1983 jedoch während des Jahrestreffens des HSC.

9. Die European CW Association: EUCW

Diese jüngste der bisher aufgeführten Organisationen wurde auf Initiative der SCAG am 1. Januar 1979 ins Leben gerufen, und zwar als Dachverband europäischer CW-Clubs. Die EUCW kennt demzufolge keine Individualmitgliedschaft. Gemäß ihren Statuten vom 27. 6. 1978 können nur Organisationen, d. h. also CW-Clubs, Mitglied werden, die wenigstens 100 lizenzierte Funkamateure als Mitglieder aufzuweisen haben. Zu den Gründungsmitgliedsorganisationen gehören die SCAG, die AGCW sowie der G-QRP-C.

Das Hauptanliegen der EUCW besteht zunächst einmal in dem Zusammenschluß möglichst aller europäischen unabhängigen CW-Clubs. Ausgehend von diesem Zusammenschluß sollen die Mitgliederorganisationen Ideen austauschen, gemeinsame Contests arrangieren, gemeinsame Diplome herausgeben und möglicherweise viele andere Dinge tun, die als nützlich für den Amateurfunk anzusehen sind.

Die Geschäfte der EUCW besorgt ein EUCW-Manager, der in jährlichem Wechsel durch eine der Mitgliedsorganisationen gestellt wird.

10. A1-Operators Club: A1-OP

Am Ende der Betrachtungen über Telegraphie-Clubs soll noch ganz kurz auf den Club eingegangen werden, dessen Bezeichnung bei uns in DL immer wieder zu Mißverständnissen Anlaß gibt, den A1-Operators Club, kurz: A1-OP. Das „A1" steht nämlich **keinesfalls** für die Betriebsart A1 oder CW in der Sprache der Funkamateure, sondern für 1a-Qualität in der jeweiligen Betriebstechnik, sei es nun Telephonie oder Telegraphie.

Auf Vorschlag von 2 Mitgliedern des A1-OP kann man je nach Beurteilung der Qualität im Hinblick auf 4 verschiedene Faktoren (1. Allgemeine Gebetechnik oder allgemeines Verhalten vor dem Mikrophon, 2. Verhalten im Äther, 3. Fähigkeiten zum Aufnehmen einer Nachrichtenübermittlung und 4. Höflichkeit bei der Funkverkehrsabwicklung) in diesen USA-Club aufgenommen werden und erhält von der ARRL (American Radio Relais League) eine schöne, nicht numerierte Mitgliedsurkunde.

Eine sehr ausführliche Darstellung des A1-OP-Clubs ist z. B. in [16] zu finden.

11. Schlußwort

Es ist zu hoffen, daß mit dem Voranstehenden und den herangezogenen Quellen dem CW-Interessierten hinreichende Informationen vermittelt wurden, um sich im Felde der Telegraphisten-Vereinigungen mit mehr oder weniger starker übernationaler Bedeutung zu orientieren. Obwohl die Ausführungen relativ umfangreich sind, kann kein Anspruch auf Vollständigkeit erhoben werden. Für weitergehende Fragen wird auf die jeweils genannten zuständigen Verbandsfunktionäre verwiesen. Auch der Autor wird selbstverständlich bemüht sein, irgendwelche weiteren Anfragen nach besten Kräften zu beantworten.

[1] Wiesner, O./DJ5QK: Die CW-Ecke, QRV 27 (1973) 7, S. 142–414.
[2] Herzer, R./DL7DO: Telegraphisten-Vereinigungen: Informationen – Reflexionen. QRV 29 (1974) 2, S. 105–112.
[3] N. N.: Rules of the TOPS CW CLUB (1946) publiziert durch Evans, P./GW8WJ.
[4] Neirich, W./DJ4HR: TOPS CW CLUB, DIG-Rundbrief 3 (1971) 7, S. 10–11.
[5] Dargatz, R./DL1XA: High Speed Club/HSC, cq-DL (1072) 8, S. 473.
[6] N. N.: Aufnahmebedingungen für den HSC, Stand 1967, publiziert durch Sapper, G/DJ4KW.
[7] N. N.: Amateur-Radio-Diplome (Forts.: 2. Folge), Verlag W. F. Körner, DL1CU, D-7016 Gerlingen.
[8] Windle, W. H./G8VG: First Class Operators CW Club, Sonderdruck zum 20jährigen Bestehen des FOC, 1959.
[9] N. N.: The First-Class C. W. Operators Club, Rules of Membership, publiziert durch Windle, W. H./G8VG, Juli 1979.
[10] N. N.: AGCW-DL = Arbeitsgemeinschaft Telegrafie-DL cq-dl (1979) 8, S. 373.
[11] N. N.: Diplom-Programm der AGCW-DL, cq-DL (1978) 9, S. 408.
[12] N. N.: Medlems-Förteckning 1978–1979, publiziert durch die Scandinavian CW Activity Group SCAG, Box 13, S-15013 Trosa/Schweden.
[13] A. D. Taylor/G8PG, GW8PG: G-QRP-C Awards. Herausgeber: A. D. Taylor, 37 Pickerill Road, Greasby, Merseyside L49 3ND, England.
[14] N. N.: DIG-CW-NET, QRV (1972) +, S. 477.
[15] Warnecke, E./DJ8OT: Amateurfunk Diplome, 2. Herausgeber: Druckerei und Verlag Eberhard Warnecke, Postf. 101244, 5620 Velbert 1.
[16] Schütt, H.Ch./DL9XN: A1-OP, DIG-Rundbrief 3 (1971) 7, S. 4–6.

Autor: Ralf Herzer, DL7DO

Rufzeichenblöcke

für Zuweisungen für kommerzielle und Amateur-Funkdienste
von der ITU, Genf, 1980

AAA-ALZ	United States of America	HGA-HGZ	Hungary
AMA-AOZ	Spain	HHA-HHZ	Haiti
APA-ASZ	Pakistan	HIA-HIZ	Dominican Republic
ATA-AWZ	India	HJA-HKZ	Colombia
AXA-AXZ	Australia	HLA-HMZ	South Korea
AYA-AZZ	Argentina	HNA-HNZ	Iraq
		HOA-HPZ	Panama
BAA-BZZ	China	HQA-HRZ	Honduras
		HSA-HSZ	Thailand
CAA-CEZ	Chile	HTA-HTZ	Nicaragua
CFA-CKZ	Canada	HUA-HUZ	El Salvador
CLA-CMZ	Cuba	HVA-HVZ	Vatican City State
CNA-CNZ	Marocco	HWA-HYZ	France
COA-COZ	Cuba	HZA-HZZ	Saudi Arabia
CPA-CPZ	Bolivia		
CQA-CUZ	Portugal	IAA-IZZ	Italy
CVA-CXZ	Uruguay		
CYA-CZZ	Canada	JAA-JSZ	Japan
		JTA-JVZ	Mongolia
DAA-DTZ	Germany	JWA-JXZ	Norway
DUA-DZZ	Philippines	JYA-JYZ	Jordan
		JZA-JZZ	Indonesia
EAA-EHZ	Spain		
EIA-EJZ	Ireland	KAA-KZZ	Un. States of America
EKA-EKZ	Union of Soviet Soc. Rep.		
ELA-ELZ	Liberia	LAA-LNZ	Norway
EMA-EOZ	Union of Soviet Soc. Rep.	LOA-LWZ	Argentina
EPA-EOZ	Iran	LXA-LYZ	Luxembourg
ERA-ERZ	Union of Soviet Soc. Rep.	LZA-LZZ	Bulgaria
ETA-ETZ	Ethiopia		
EUA-EWZ	Byelorussian SSR	MAA-MZZ	Gr. Brit. & No. Ireland
EXA-EZZ	Union of Soviet Soc. Rep.		
		NAA-NZZ	Un. States of America
FAA-FZZ	France		
		OAA-OCZ	Peru
GAA-GZZ	Great Brit. & No. Ireland	ODA-ODZ	Lebanon
		OEA-OEZ	Austria
HAA-HAZ	Hungary	OFA-OJZ	Finland
HBA-HBZ	Switzerland	OKA-OMZ	Czechoslovakia
HCA-HDZ	Ecuador	ONA-OTZ	Belgium
HEA-HEZ	Switzerland	OUA-OZZ	Denmark
HFA-HFZ	Poland		

Prefix	Country
PAA-PIZ	Netherlands
PJA-PJZ	Netherlands Antilles
PKA-POZ	Indonesia
PPA-PYZ	Brazil
PZA-PZZ	Surinam
QAA-QZZ	Q Signals
RAA-RZZ	Union of. Sov. Soc. Rep.
SAA-SMZ	Sweden
SNA-SRZ	Poland
SSA-SSM	Egypt
SSN-STZ	Sudan
SUA-SUZ	Egypt
SVA-SZZ	Greece
TAA-TCZ	Turkey
TDA-TDZ	Guatemala
TEA-TEZ	Costa Rica
TFA-TFZ	Ireland
TGA-TGZ	Guatemala
THA-THZ	France
TIA-TIZ	Costa Rica
TJA-TJZ	Cameroon
TKA-TKZ	France
TLA-TLZ	Central African Republic
TMA-TMZ	France
TNA-TNZ	Congo
TOA-TOZ	France
TRA-TRZ	Gabon
TSA-TSZ	Tunisia
TTA-TTZ	Chad
TUA-TUZ	Ivory Coast
TVA-TXZ	France
TYA-TYZ	Benin
TZA-TZZ	Mali
UAA-UQZ	Union of Sov. Soc. Rep.
URA-UTZ	Ukrainian Sov. Soc. Rep.
UUA-UZZ	Union of Sov. Soc. Rep.
VAA-VGZ	Canada
VHA-VNZ	Australia
VOA-VOZ	Canada
VPA-VSZ	Great Brit. & No. Ireland
VTA-VWZ	India
VXA-VYZ	Canada
VZA-VZZ	Australia
WAA-WZZ	Un. States of America
XAA-XIZ	Mexico
XJA-XOZ	Canada
XPA-XPZ	Denmark
XQA-XRZ	Chile
XSA-XSZ	China
XTA-XTZ	Voltaic Republic
XUA-XUZ	Cambodia
XVA-XVZ	Vietnam
XWA-XWZ	Laos
XXA-XXZ	Portuguese Overseas Provinces
XYA-XZZ	Burma
YAA-YAZ	Afghanistan
YBA-YHZ	Indonesia
YIA-YIZ	Iraq
YJA-YJZ	New Hebrides
YKA-AKZ	Syria
YMA-YMZ	Turkey
YNA-YNZ	Nicaragua
YOA-YRZ	Romania
YSA-YSZ	El Salvador
YTA-YUZ	Yugoslawia
YVA-YYZ	Venezuela
YZA-YZZ	Yugoslawia
ZAA-ZAZ	Albania
ZBA-ZJZ	Gr. Brit. & No. Ireland
ZKA-ZMZ	New Zealand
ZNA-ZOZ	Gr. Brit. & No. Ireland
ZPA-ZPZ	Paraguay
ZQA-ZQZ	Gr. Brit. & No. Ireland
ZRA-ZUZ	South Africa-Namibia
ZVA-ZZZ	Brazil
2AA-2ZZ	Gr. Brit. & No. Ireland
3AA-3ZZ	Monaco
3BA-3BZ	Mauritius
3CA-3CZ	Equatorial Guinea
3DA-3DM	Swaziland

3DN-3DZ	Fiji	6PA-6SZ	Pakistan
3EA-3FZ	Panama	6TA-6UZ	Sudan
3GA-3GZ	Chile	6VA-6WZ	Senegal
3HA-3UZ	China	6XA-6XZ	Malaysia Republic
3VA-3VZ	Tunisia	6YA-6YZ	Jamaica
3WA-3WZ	Vietnam	6ZA-6ZZ	Liberia
3XA-3XZ	Guinea		
3YA-3YZ	Norway	7AA-7IZ	Indonesia
3ZA-3ZZ	Poland	7JA-7JZ	Japan
		7OA-7OZ	South Yemen
4AA-4CZ	Mexico	7PA-7PZ	Lesotho
4DA-4IZ	Philippines	7QA-7QZ	Malawi
4JA-4LZ	Union of Sov. Soc. Rep.	7RA-7RZ	Algeria
4MA-4MZ	Venezuela	7SA-7SZ	Sweden
4NA-4OZ	Yugoslawia	7TA-7YZ	Algeria
4PA-4SZ	Sri Lanka	7ZA-7ZZ	Saudi Arabia
4TA-4TZ	Peru		
4UA-4UZ	United Nations	8AA-8IZ	Indonesia
4VA-4VZ	Haiti	8JA-8NZ	Japan
4WA-4WZ	North Yemen	8OA-8OZ	Botswana
4XA-4XZ	Israel	8PA-8PZ	Barbados
4YA-4YZ	Int. Civ. Aviation Organiz.	8QA-8QZ	Maldive Is.
4ZA-4ZZ	Israel	8RA-8RZ	Guyana
		8SA-8SZ	Sweden
5AA-5ZZ	Libya	8TA-8YZ	India
5BA-5BZ	Cyprus	8ZA-8ZZ	Saudi Arabia
5CA-5CZ	Marocco		
5HA-5IZ	Tanzania	9AA-9AZ	San Marino
5JA-5KZ	Colombia	9BA-9DZ	Iran
5LA-5MZ	Liberia	9EA-9FZ	Ethiopia
5NA-5OZ	Nigeria	9GA-9GZ	Ghana
5PA-5QZ	Denmark	9HA-9HZ	Malta
5RA-5SZ	Malaysia Republic	9IA-9JZ	Zambia
5TA-5TZ	Mauritiana	9KA-9KZ	Kuwait
5UA-5UZ	Niger	9LA-9LZ	Sierra Leone
5VA-5VZ	Togo	9MA-9MZ	Malaysia
5WA-5WZ	Western-Samoa	9NA-9NZ	Nepal
5XA-5XZ	Uganda	9OA-9TZ	Zaire
5YA-5ZZ	Kenya	9UA-9UZ	Burundi
		9VA-9VZ	Singapore
6AA-6ZZ	Egypt	9WA-9WZ	Malaysia
6CA-6CZ	Syria	9XA-9XZ	Rwanda
6DA-6JZ	Mexico	9YA-9ZZ	Trinidad and Tobago
6KA-6NZ	Korea		
6OA-6OZ	Somali	A2A-A2Z	Botswana
		A3A-A3Z	Tonga

A4A-A4Z	Oman
A5A-A5Z	Bhutan
A6A-A6Z	United Arab Emirates
A7A-A7Z	Qatar
A8A-A8Z	Liberia
A9A-A9Z	Bahrain
C2A-C2Z	Nauru
C3A-C3Z	Andorra
C4A-C4Z	Cyprus
C5A-C5Z	The Gambia
C6A-C6Z	Bahamas
C7A-C7Z	World Meteorological Organization
C8A-C8Z	Mozambique
D2A-D3Z	Angola
D4A-D4Z	Cape Verde
D5A-D5Z	Liberia
D6A-D6Z	State of Cumoro
D7A-D9Z	South Korea
H2A-H2Z	Cyprus
H3A-H3Z	Panama
H4A-H4Z	Solomom Is.
H5A-H5Z	Bophutatswana
J2A-J2Z	Djibouti
J3A-J3Z	Grenada
J4A-J4Z	Greece
J5A-J5Z	Guinea Bissau
L2A-L2Z	Argentina
P2A-P2Z	Papua New Guinea
P3A-P3Z	Cyprus
P4A-P4Z	Netherlands Antilles
P5A-P5Z	North Korea
S2A-S2Z	Bangladesh
S6A-S6Z	Singapore
S7A-S7Z	Seychelles
S8A-S8Z	Transkei
S9A-S9Z	St. Thomas & Principe
T2A-T2Z	Tuvalu
Y2A-Y2Z	East Germany

Noch 'ne Morsetaste?

Ja, aber sehen Sie genau hin, dieser Artikel versucht, Sie außerdem in die Geheimnisse der „Innereien" einzuweihen. Leider können wir aus „Platzgründen" nicht mit den Elektronen durch die Chips krabbeln, aber wir werden uns bemühen, die wesentlichen Funktionen an Hand dieser Taste zu erläutern.

Angeregt durch den Artikel von D. Orlowski, DL7QT, in cq-DL 10/77 und eine bewährte Transistortaste von DL2TF, haben wir mit zunehmendem Nachdenken immer einfachere Schaltungen erhalten. Unser Ergebnis ist eine Schaltung mit 4ICs, die wir hier vorstellen und 2 weitere Schaltungen, von denen nur die Schaltbilder wiedergegeben sind.

Forderungen an eine Morseelektronik, mit der man auch richtig geben kann:

1. Der nicht durchlaufende Taktgenerator, d. h. das Zeichen (gemeint sind Punkt oder Strich) muß augenblicklich mit dem Berühren des Paddles gestartet werden, sofern die zum vorhergehenden Zeichen gehörende Pause von einer Punktlänge verstrichen ist.

2. Pausenverriegelung: Während der auf ein Zeichen folgenden Pause darf ein gleichartiges Zeichen noch nicht von der Eingabe erkannt werden. Erst danach darf es von der Eingabe übernommen werden.

3. Zeichenergänzung: Ein begonnenes Zeichen wird unabhängig von der Eingabe zuende geführt.

Nützliche Eigenschaften sind

4. Squeeze (Iambimatik)
   Beide Zeichen wechseln sich ab, wenn Punkt- und Strichkontakt geschlossen sind.

5. Abschaltbare Punkt- und Strichspeicher
   Für die Benutzung von einarmigen Gebern sind besonders bei niedrigem Tempo Punkt- und Strichspeicher von Vorteil. Das folgende entgegengesetzte Zeichen kann während der gesamten Laufzeit von Zeichen und der dazugehörigen Pause eingegeben werden. Bei Squeezebetrieb soll das Einspeichern nach einer Idee von Wolfgang Schäfer, DK5GB, nur im Moment des Schließens, nicht jedoch durch dauerhaftes Halten des Paddles, möglich sein. Anderenfalls würde bei normaler Squeeze-Gebeweise ein zusätzliches ungewolltes Zeichen am Ende eines Buchstabens generiert. Diese Form der Speicherung kann als „dynamische Speicherung" bezeichnet werden. Aus Gründen der Kompatibilität mit anderen Tastelektroniken, z. B. Accukeyer nach WB4VVF, ist eine Umschaltung auf herkömmlichen statischen Speicher möglich.

6. Variables Punkt-Pausenverhältnis
   Im Sender auftretende Verkürzungen oder Verlängerungen der Zeichen sollen ausgeglichen werden können. Weiterhin ist das Einstellen eines etwas kleineren Punkt–Pausenverhältnisses als 1 bei hohen Telegraphie-

geschwindigkeiten vorteilhaft, während es bei niedrigerem Tempo mehr dem modischen Empfinden entspricht, ein etwas größeres Punkt–Pausenverhältnis zu wählen.

7. Zeichen der Zeit
CMOS Technologie ermöglicht den Betrieb ohne Batterieschalter und Netzteil sowie eine relativ hohe Einstrahlfestigkeit gegen HF.

8. Tastausgänge
Transistortastung für positive und negative Spannungen gegen ein und dasselbe Massepotential. Für eine potentialfreie Tastung, die bei Amateurfunksendern praktisch nicht vorkommt, verweisen wir auf einen Artikel von T. Molière, DL7AV in cq-DL 5/77.

Taktgenerator

Forderungen an den Taktgenerator:

a) Tastverhältnis 1:1, sofern nicht anders beschaltet.

b) Variable Frequenz.

c) Asynchroner Start–Stopbetrieb.

d) Kein merkbares Einschwingverhalten.

Asynchroner Start–Stopbetrieb bedeutet, daß der Generator nach der zu einem Zeichen gehörenden Pause anhält, falls die Paddles losgelassen sind. Er kann danach mit dem Berühren eines Paddles augenblicklich wieder gestartet werden. Die Tastelektronik sorgt dafür, daß der Taktgenerator mindestens für eine Zeichenlänge eingeschaltet bleibt (Selbstvervollständigung der Zeichen – Forderungen 1 und 3).

Wir verwenden einen astabilen Multivibrator als Taktgenerator. In der Literatur findet man zwei Grundformen, von denen eine zwei getrennte Zeitglieder (R, C) für beide Halbperioden hat, während die andere mit einem für beide halbperioden wirksamen Zeitglied auskommt. Wir haben uns für den aufwendigeren Multivibrator mit zwei Zeitgliedern entschieden, da bei dem Typ mit nur einem Zeitglied das Tastverhältnis zu sehr von der streuenden Umschaltschwelle der ICs abhängig ist. Bei einigen Probeaufbauten führte das zu unterschiedlichen Punkt–Pausenverhältnissen.

Durch den genaueren Takt ist es möglich, die Punkte direkt aus dem Taktgenerator zu entnehmen. Das sonst dem Taktgenerator nachgesetzte Teiler-IC kann somit entfallen. Außerdem können die Zeichen eine bestimmte Zeit verlängert oder verkürzt werden (Forderung 6).

Das nicht merkliche Einschwingverhalten wird durch Kappdioden, die die Spannungsüberschwinger im Umschaltmoment auf Betriebsspannung bzw. Massepotential begrenzen, erreicht. Für nicht allzu große Kondensatoren (gespeicherte Energie) können die integrierten Eingangskappdioden der CMOS ICs diese Funktion übernehmen. Als schaltungstechnische Besonderheit tauchen hier noch zwei weitere Dioden auf. Sie sorgen dafür, daß zwischen den Kondensatoren keine Ausgleichsströme fließen können. Damit wird eine entkoppelte, gemeinsame Benutzung eines einzigen Widerstands (Geschwindigkeitspotentiometer) für beide R,C-Kombinationen möglich.

Im folgenden soll nun die Tastlogik an Hand des Blockschaltbildes in groben Zügen erläutert werden. Der im Umgang mit Schaltbildern geübte Leser kann die folgenden Zeilen überspringen und bei der Beschreibung der Tastung wieder einsetzen.

Zeichen

Das Berühren des Punkt- oder Strichkontaktes wird durch die Eingangsgatter und das Dreifach-NOR durchgereicht und augenblicklich schwingt der Taktgenerator an. Die dadurch erzeugte Taktflanke bewirkt am Kontroll-Flip-Flop eine Übernahme der Paddlestellung; parallel dazu wird über das Dreifach-NOR der Taktgenerator bis zum Ende des Zeichens (z. B. Punkt) gehalten und der Sender getastet.

Strich

Der Ausgang des Kontroll Flip-Flops kontrolliert das Strichteiler-FF, hält den Eingangsspeicher des laufenden Zeichens zurückgesetzt und gibt den Eingangsspeicher des entgegengesetztes Zeichens frei (Forderung 5). Im Gegensatz zu sonst üblichen Tastlogiken, wird hier der Strichteiler-FF erst nach Ablauf einer Punktlänge gesetzt und am Ende des Zeichens zurückgesetzt. Dieser Zeitablauf ist deshalb notwendig, weil die Entscheidung „Strich" erst einige hundert Nanosekunden nach Beginn des Zeichens am Eingang des Strichteilers zur Verfügung steht, die Übernahme aber bereits mit Beginn der Taktflanke erfolgen würde. Taktgenerator und Ausgang des Strichteilers werden über ein Zusamenführungsgatter kombiniert. Damit wird die zwischen zwei Punkten liegende Pause zu einem Strich überbrückt. Um nach einer Punktlänge eine Unterbrechung im Ausgangssignal zu verhindern, muß der Takt am Eingang des Zusammenführunggatters um mehr als die Durchlaufzeit des Strichteilers (etwa 500 ns) verzögert werden. So wird ein unbeabsichtigter Taktimpuls am Kontroll-FF, der zu einem Gebefehler führt, vermieden.

Squeeze (Iambimatik)

Werden während eines Zeichens beide Paddles gedrückt und so belassen, läuft der Taktgenerator nach dem Ende der zu diesem Zeichen gehörenden Pause weiter. Das Kontroll-FF kippt mit Beginn des neuen Zeichens in den entgegengesetzten Zustand, so daß sich Punkt und Strich abwechseln (Forderung 4).

Punkt- und Strichspeicher (Forderung 5)

Punkt- und Strichspeicher bestehen aus je einem JK-oder D-Flip-Flop, der bei einem Clockimpuls immer gesetzt wird. Der Clockimpuls entsteht beim Schließen eines Paddlekontaktes. Das Kontroll-Flip-Flop hält den Speicher des gerade laufenden Zeichens zurückgesetzt. Solange ein Speicher gesetzt ist, hält er über ein Eingangsgatter den Taktgenerator weiter in Gang und den zugehörigen J- oder K-Eingang des Kontroll-FF auf High, so daß der entsprechende Zustand beim Anfang des nächsten Zeichens übernommen wird. Erst danach setzt das Kontroll-FF mit seinem neuen Zustand den Speicher zurück.

Für den Betrieb als „statischer Speicher" geschieht ein Setzen nicht über den Clock- sondern über den Setzeingang des Speichers.

Schaltungsdetail: Triggerung

Durch Bauteiletoleranzen ist es möglich, daß die Eingänge des Dreifach NOR und J- und K-Eingänge des Kontroll-FF unterschiedliche Pegel als High erkennen. So kann es passieren, daß der Taktgenerator trotz seiner Durchlaufverzögerung am Kontroll-FF bereits einen Übernahmeimpuls erzeugt, während die J- und K-Eingänge noch den Pegel „Low" erkennen. Damit würde eine Zeichenfolge immer mit dem zuletzt gegebenen Zeichen beginnen. J- und K-Eingänge müssen deshalb innerhalb einer kleineren Zeitspanne als der Durchlaufzeit zum Takteingang des Kontroll-FF sicher von Low auf High gehen, um diesen Fehler zu vermeiden. Das wird durch triggernde Eingangsgatter (4093) erreicht. Die beiden RC-Kombinationen 1 Megohm/1 Nanofarad stellen sicher, daß die Zustände an den J- und K-Eingängen während der Durchlaufzeit zum Takteingang des Kontroll-FF sich nicht ändern. Auch in einer anderen Hinsicht ist die Verwendung einer Triggerung notwendig. Durch den Verzögerungswiderstand am Eingang des Zusammenführungsgatters traten teilweise bei Verwendung von gepufferten 4011 Schwingungen an dessen Ausgang auf.

Pausenverriegelung (Forderung 2)

In der auf ein Zeichen folgenden Pause läßt sich aufgrund der Umladevorgänge der Taktgenerator nicht neu starten. Somit wird erst nach Ablauf der Pause die Entscheidung Start/Stop gefällt. Zu diesem Zeitpunkt können dann auch die Paddlestellungen ins Kontroll-FF übernommen werden.

Tastung

Wir haben uns aus Energiegründen für eine Transistortastung entschieden. Eine positive Tastspannung läßt sich am Kollektor eines NPN-Transistors besonders einfach tasten. Für negative Tastspannung haben wir eine besondere Tastschaltung mit 2 Transistoren gewählt. Der PNP-Transistor T1 dient zur Ansteuerung des NPN-Transistors T2. Im durchgeschalteten Zustand liegt der Emitter des Tasttransistors T2 praktisch an Massepotential (Restspannung).

Wir weisen darauf hin, daß beide Transistoren mindestens die Tastspannung plus Batteriespannung als Durchbruchspannung haben sollen. Nach unseren Erfahrungen schalten auch einfache Transistoren wie z. B. BC 307 PNP oder BC 237 NPN Tastspannungen bis 50 V. Vor dem Anschluß an den Sender empfehlen wir eine Überprüfung von Tastspannung und -strom mit dem Vielfachmeßinstrument. Meist läßt sich die Leerlauftastspannung durch parallele Widerstände entsprechend herabsetzen.

Aufbau

Wie schon erwähnt, ist CMOS-Logik relativ störsicher. Es ist jedoch üblich, die Taste in einem abgeschirmten Gehäuse unterzubringen, die Tastleitung abzuschirmen und die Ausgängen mit 1 nF Kondensatoren abzublocken. Bei sehr hohen Senderfeldstärken können Funktionsstörungen entstehen, die sich durch unerwünschte Zeichenverlängerung bemerkbar machen. Abhilfe: zwei 1 KΩ – Widerstände in Serie mit dem Punkt- bzw. Stricheingang schalten. Der Aufbau geschieht entweder in Fädeltechnik – mit dünnem, lackisoliertem Kupferdraht – auf Lochrasterplatte oder auf einer geätzten Platine. Bei Fädeltechnik ist zu berücksichtigen, daß bei paralleler Leitungsführung in der Logik Verkopplungen entstehen können.

Die Batterie ist ein 9 V-Block. Ein Schalter für die Betriebsspannung erübrigt sich. Die Lebensdauer der Batterie entspricht ungefähr ihrer Lagerfähigkeit. Die Betriebsspannung sollte mit einem Tantalkondensator (Restströme) von etwa 10 – 47 µF abgeblockt sein. Ein Pfeil in die Luft auf dem Schaltplan bedeutet positive Betriebsspannung. (Bei den 2 zusätzlichen Versionen mit 2, bzw. 7 ICs liegt der +Pol der Batterie an Masse und der gezeichnete Hinweispfeil bedeutet negative Versorgungsspannung).

Für eine einfache, einpaddlige Gebemechanik haben wir gute Erfahrungen mit den Kontaktsätzen aus bipolaren Telegraphenrelais gemacht.

Zum Tunen ist ein Anschluß herausgeführt, an der auch durch eine Handtaste gegen Masse angeschlossen werden kann. Mit der angegebenen Modifikation ist bei geschlossenem Schalter ≈ 1 Min. Tunen möglich. Danach schaltet sich die Taste selbsttätig aus und verbraucht keinen Strom mehr. Will mann danach weiter tunen, öffnet man den Schalter und schließt ihn wieder.

Mithörton

Bei den Versionen mit 4 bzw. 2 ICs ist jeweils noch ein triggerndes Gatter über, das als Tongenerator beschaltet wird.

Der Ausgang des Tongenerators kann nicht direkt mit einem dynamischen Kopfhörer oder einem Lautsprecher belastet werden. Deshalb wurde ein piezoelektrischer Schallwandler verwendet, wie er auch in elektrischen Weckern eingesetzt wird. Der Stromverbrauch der Taste wird dadurch nicht nennenswert größer. Im nicht getasteten Zustand ist die Stromaufnahme aus der Batterie mit einem 60µA-Instrument nicht meßbar. Legt man keinen Wert auf niedrigen Stromverbrauch, kann man anstelle des piezoelektrischen Schallwandlers einen NF-Verstärker anschließen.

Zusammenfassung

Mit diesem Artikel haben wir eine Tastelektronik vorgestellt, die auch den Anforderungen von High speed Op's gerecht wird. Ferner haben wir durch die Auflistung der Anforderungen an elektronische Morsetasten und die Beschreibung einiger wichtiger Schaltungsdetails versucht, Klarheit in das Wirrwarr der verschiedenen Konzeptionen zu bringen. Es sei noch erwähnt, daß wir sowohl eine „abgemagerte" Version mit 2 IC's (ohne Zeichenspeicher) als auch eine Accukeyer Version mit 7 IC's realisiert haben, deren Schaltungen wir hier kommentarlos wiedergeben. Sollte ein Interessierter für diese Beispiele ein Print entwerfen, bitten wir um Benachrichtigung.

Besonders hinweisen möchten wir noch auf die Abschaltbarkeit aller Speicherfunktionen, was bei Verwendung als Kontesttaste bei vielen Op's und deren unterschiedlichen Ansprüchen von Vorteile sein kann.

Jens Rosebrock, DK6BO
Michael Hartje, DK5HH

Literatur

[1] Texas Instruments Pocket Guide von 1979.

[2] D. Orlowski, DL7QT, „Elektronische Morsetaste für QRP-Stationen", cq-DL 10/77 S. 385–386.

[3] M. Seitz, DF1NM, „Selbstbau einer elektronischen Taste", cq-DL 5/78 S. 218–219.

[4] DF1II, Tip: Elektronische Morsetaste, cq-DL 11/79 S. 506.

[5] P. Block, DK2PR und K. W. Gurgel, DK6HX, „Speichermorsetaste mit variablem Speicher", cq-DL 1/79 S. 20–22.

[6] WB4VVF Accu – Keyer z. B. „The Radio Amateur's Handbook 1978, S. 264ff.

[7] Th. Molière, DL7AV, „Optokoppler im Ausgang elektronischer Tasten", cq-DL 5/77 S. 193.

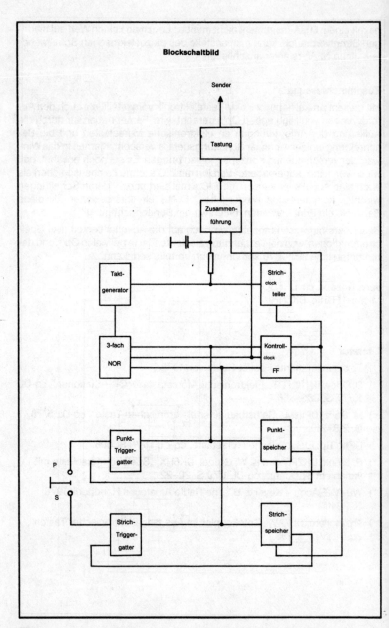

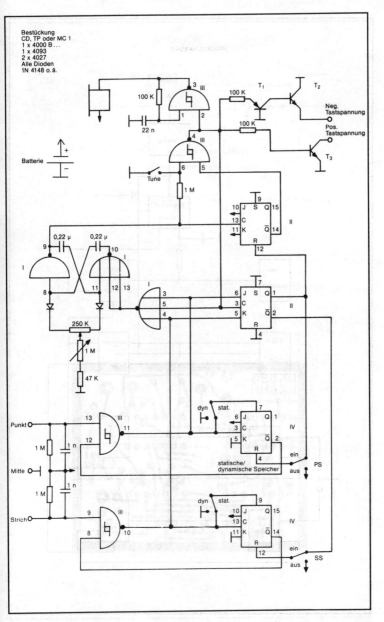

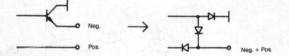

100 K an Emitter des PNP-Tr ersetzt durch 10 K z. B. (je nach zu tastendem Text-Strom)

Schaltung für ~ 1 Min. Tunen.

Danach kein Stromverbrauch mehr!

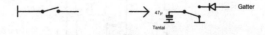

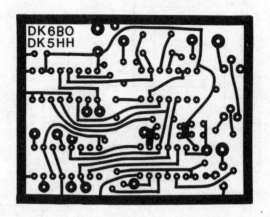

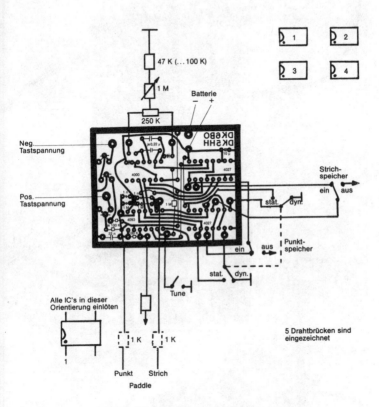

Teil 1

Lötpunkt für den Mittelkontakt, bei Teil 2 nicht nötig

Schnitt B–B

Rechteckrohr z. B. von Möbelfüßen

Telefonbuchsen

Teil 3

Aus einem Nagel herzustellen (Konusspitzen anschleifen)

Schnitt A–A

3

Ansicht

25
45
11

Draufsicht

M 3 Schrauben

1
z. B. Kupferniet
2 ist spiegelbildlich zu 1

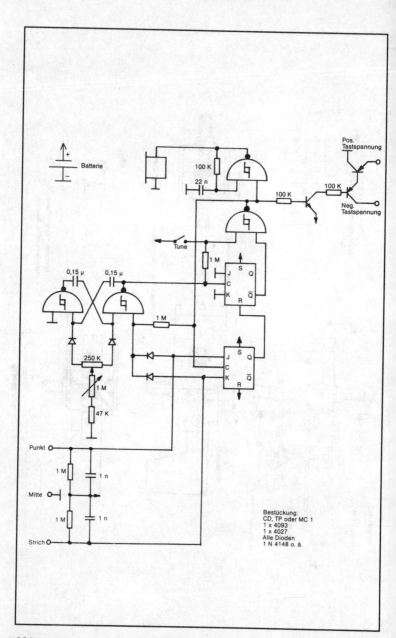

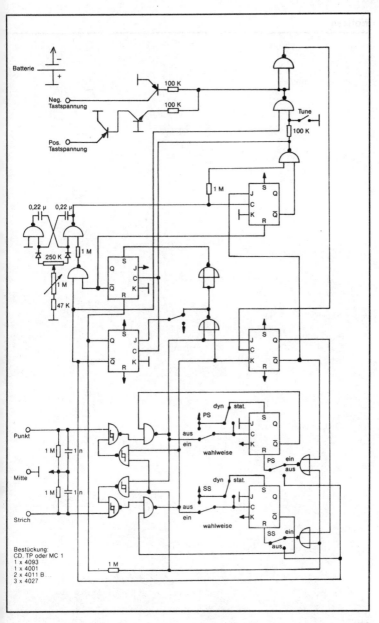

Notizen

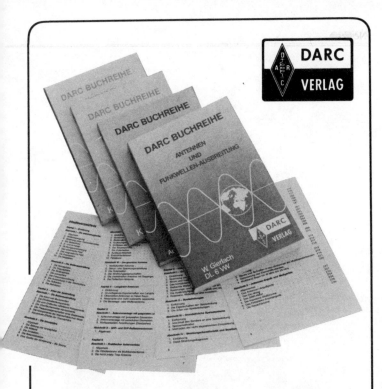

DARC-Buchreihe

Band 1: DL1VU, Einstieg in die Amateurfunktechnik, Teil A   DM 17,60
Band 2: DL1VU, Einstieg in die Amateurfunktechnik, Teil B   DM 15,60

Leicht und verständlich vermittelt DL1-VU die vielfältigen Kenntnisse von Bauteilen und Schaltungen. Dem gestandenen Amateur bieten diese Fachbücher Gelegenheit, seine Kenntnisse zu vertiefen und zu erweitern. Übungsaufgaben im Text und Lösungen im Anhang bieten auch dem Neuling die Möglichkeit, sich rasch in der Materie zurechtzufinden.

Band 3: Autorenteam, CW-Manual
DM 17,60

Wer sich bisher in das Gebiet der Amateurfunktelegraphie einarbeiten wollte, war darauf angewiesen, seine Kenntnisse aus vielen, oft veralteten und schwer zugänglichen Quellen zu beziehen. Das CW-Manual schließt diese Lücke.

Band 4: DL6VW, Antennen und Funkwellenausbreitung   DM 21,60

Für die Leistungsfähigkeit einer Amateurfunkstation ist die Antenne von größter Bedeutung. Das neue DARC-Antennenbuch bringt verständliche Darstellungen der HF-Ausbreitungswege, stellt eine Reihe effektiver Antennen vor und erteilt praktische Ratschläge zum Selbstbau.

Unser Buchpaket Band 1–4 zusammen
DM 66,60

Erhältlich beim
DARC Verlag
Postfach 1155
3507 Baunatal

Notizen